中國經濟增長中的人力資本適配性研究（第二版）

楊 爽 著

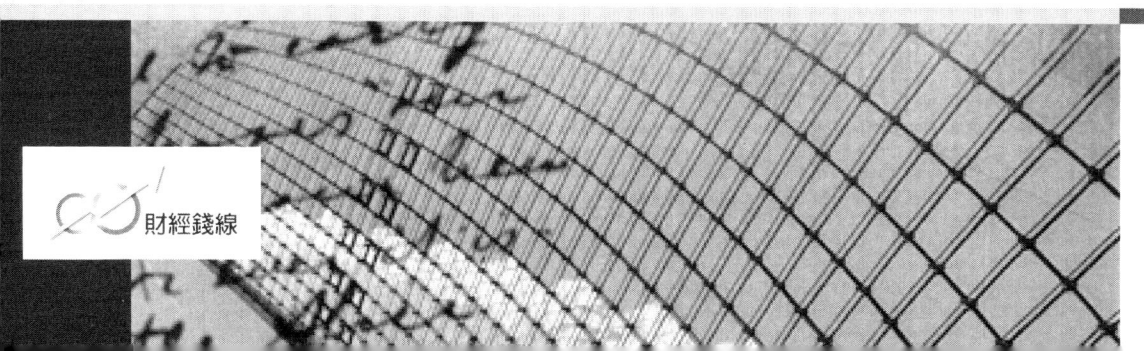

財經錢線

摘　要

　　經濟增長意味著財富的累積和福利的改善，是人類追求的共同目標。因而，是什麼最終促進了經濟增長和怎樣實現持續穩定的經濟增長，一直是理論與實證研究的重要課題。

　　古典經濟學家們開創了對長期經濟增長的研究，構建了經濟增長理論的一般框架。但隨著人類經濟社會的演進，傳統的經濟增長理論越來越難以解釋現實的經濟增長現象，出現了一系列的經濟增長之謎，如「經濟增長余值之謎」、「列昂惕夫之謎」等，人力資本理論由此應運而生。該理論從人力資本的角度解釋了經濟增長之謎，認為經濟增長中最關鍵的因素是人的因素。這一發現重新喚起了學術界對長期經濟增長問題研究的熱情，最終推動了內生經濟增長理論的形成，確立了人力資本與經濟增長關係研究的基本範式。

　　然而，這一研究範式存在一定的局限性。人力資本是抽象的人類能力，理論與實證研究要求將其具體化，但至今仍沒有形成統一和令人信服的衡量標準。現有研究通常將人力資本視

為一種存量，主要從受教育程度、人力資本投資和勞動力價值去度量它，並認為通過提高受教育程度，加大人力資本投資就能夠促進經濟增長。但我們注意到，一些勞動力受教育程度和人力資本投資水平都不高的地區卻有著很強的經濟活力，表現出較高的經濟實力和較強的經濟增長潛力。因此，人力資本水平的高低不是簡單地取決於受教育程度的高低或是投資的多寡，而是其「合適性」和「有效性」。與經濟增長需求相適應的人力資本，即合適的有效的人力資本就是高水平的人力資本，這是在以往研究中未被注意到的人力資本特質。

為此，本書提出「人力資本適配性」概念來反應人力資本的內核，即人力資本在經濟增長中的「合適性」和「有效性」，並對中國經濟增長中的人力資本適配性進行了實證研究，以期發現和驗證人力資本適配性在經濟增長中的作用及其作用機理。

本書首先對人力資本適配性的概念和特徵進行了界定，明確了經濟增長階段、環境和背景在人力資本適配性研究中的重要性，並根據人力資本與經濟增長的互動關係確立了二者的適配路徑。在此基礎上，充分考慮知識經濟背景下中國經濟增長的特殊性及其對人力資本適配性的要求，利用中國30個省市自治區（不包括西藏）1978—2007年的基礎數據構建了中國經濟增長中的「人力資本適配度」指數，用以衡量中國人力資本適配性的高低。通過對人力資本適配度與經濟增長影響因素的相關分析，明確了人力資本適配度在經濟增長中的作用機理。在此基礎上借鑑索洛模型與盧卡斯模型建立了包含人力資本適配度的中國經濟增長模型，並證實中國經濟增長中存在顯著的人力資本適配度門檻，由此將中國各省市區劃分為人力資本適配度門檻上與門檻下地區。通過對兩區域人力資本適配度影響因素的進一步分析，發現兩區域有著非常不同的人力資本適配性培養訴求。為尋求與兩區域經濟增長需求相適應的人力資適

配性培養模式，根據其各自所處的經濟增長階段與經濟增長特徵，分別提出了不同的人力資本適配性培養模式：人力資本適配度門檻之上的地區應採取「科技引領技術創新帶動型」人力資本適配性培養模式；人力資本適配度門檻下的地區則應採取「政府主導產業變革推動型」人力資本適配性培養模式。並對政府在其中所起的不同作用進行了分析和闡釋。

　　本書主要的創新點在於：①從人力資本適配性的角度解釋經濟增長，與以往研究相比，突出了具有「合適性」與「有效性」的高水平人力資本在經濟增長中的作用，更加符合人力資本的特性；②嘗試建立的人力資本適配性基本理論框架，補充和豐富了現有人力資本理論與經濟增長理論；③檢驗並證實了中國經濟增長中存在人力資本適配度門檻，並通過人力資本適配度單門限兩區制經濟增長模型解釋了20世紀90年代以來中國地區經濟增長差距持續拉大的「趨異」過程，更加貼近中國經濟增長現實情況，從而提高了經濟增長模型的解釋能力；④根據人力資本適配度門檻上與門檻下地區不同的人力資本適配性培養需求構建了不同的人力資本適配性培養模式，對政府宏觀政策的制定有較強的指導意義和參考價值。

　　本書不足之處主要在於：由於參考文獻與研究資料的欠缺，以及時間與經驗的限制，人力資本適配性研究的理論框架還比較稚嫩和單薄，在人力資本適配度指標體系的穩定性上還缺乏深入研究。這些不足之處都需要假以時日逐步完善。

關鍵詞：經濟增長；人力資本；適配度；經濟增長模型；適配度門檻

Abstract

Economic growth, the common goal pursued by the mankind, means wealth accumulation and welfare improvement. What ultimately promotes economic growth and how to achieve sustained and stable economic growth have always been the important subjects in theoretical and empirical research.

The classical economists pioneered the study of long-term economic growth, building a general framework of economic growth theory. However, with the evolution of the human economy and society, the traditional theory of economic growth was found more and more difficult to explain the phenomenon of real economic growth, and some economic growth puzzles occurred, such as 「the mystery of economic growth residual value」, 「Leontief mystery」, etc. Human capital theory thus emerged, explained the mysteries of economic growth from the perspective of human capital, and confirmed that the most critical factor in economic growth is the human factor. This discovery revived the enthusiasm of academic studies on the long-term economic growth, and ultimately promoted the formation of endogenous economic growth theory, established the basic research paradigm in the relationship between human capital and economic growth.

But this research paradigm had some limitations. Human capital is an abstract of human capacities. Theoretical and empirical research proposed the requirements of specifying it. But we still failed to form a unified and convincing measurement. Existing studies typically defined human capital as a concept of stock, and measured the human capital mainly from the perspectives of educational attainments, human capital investments and labor values. They reckoned that increasing the level of education and investment in human capital would be able to promote economic growth. But we noted that some regions where labors had no high level of education and human capital investments showed strong economic vitality, high level of economic strength and strong economic growth potentiality. Therefore, the level of human capital is not simply decided by the level of education or the amount of investment, but its appropriateness and effectiveness. Appropriate and effective human capital which was compatible with economic growth in the demand for human capital was regarded as high-level human capital, and this was not noted as a unique human capital characteristic in previous studies.

So, this book proposed the concept of「human capital fitness」to reflect the「appropriateness」and「effectiveness」, the core of human capital, and carried out an empirical study on the human capital fitness in China's economic growth to discovery and verify the role and mechanism of the human capital fitness in economic growth.

In the course of study, we first defined the concept and characteristics of human capital fitness, and also the importance of economic growth environment and background in human capital fitness research. On the basis of interactive relationship analysis between the human capital and economic growth, we established the matching path between them. After that, we gave full consideration to the context of knowledge-based economy, the particularity of China's economic growth and its impact on the requirements of human capital fitness, and made use of the basic data of China's 30 provinces and autonomous regions (the Tibet excluded) from 1978 to 2007 to construct the 「human capital fitness index」 to measure the matching degree of China's human capital in economic growth. We also analyzed the role and mechanism of human capital fitness in economic growth by introducing correlation ananlysis on the relationship between human capital fitness and the economic growth factors. Drawing on the experience of Solow Model and Lucas Model, we established China's economic growth model including human capital fitness, and verified a significant human capital fitness threshold in China's economic growth. Thus we classified the provinces and autonomous regions into two regions, over the human capital fitness threshold or below it. Through the further analysis on the influencing factors of human capital fitness for the two regions, we found that they had very different demands for human capital fitness.

To search for the human capital cultivation patterns which were matching the economic growth demand well of the two regions respectively, we analyzed the economic growth stage and characteristics of the two regions, and proposed different human capital fitness cultivation patterns for them. In the over-threshold region, it was appropriate to adopt a 「science leading and innovation bringing」 human capital fitness cultivation pattern. While for the below-threshold region, it was suitable to adopt a 「government guiding and industry reformation promoting」 human capital fitness cultivation pattern. We also analyzed and illustrated the different roles of government in the two patterns.

The main innovations of this dissertation were: (1) Try to explain economic growth from the perspective of human capital fitness. Comparing with previous studies, this dissertation highlighted the roles of high-level human capital with 「appropriateness」 and 「effectiveness」 in economic growth. This was more in line with the characteristics of human capital. (2) The human capital fitness research framework which was established with an effort complemented and enriched the existing human capital theory and the theory of economic growth. (3) Tested and confirmed the existence of human capital fitness threshold in China's economic growth. Explained the 「divergence」 process which was the symbol of continuing enlargement of the regional disparity since 1990's in China's economic growth through a human capital fitness single-threshold two-regime model. Thus enhanced the explanatory power of economic growth model. (4) Constructed different human capital fitness cultivation patterns according to the different demand for human capital fitness of the over-threshold region and the below-threshold region. Provided stronger guiding significance and reference value on the government's macro policy-making.

The main shortcomings of this dissertation were: Due to lack of references and research materials, also restrictions on time and experience, the human capital fitness framework was still immature and thin. And the dissertation is lack of in-depth study on the stability of the human capital fitness index. These deficiencies need time to be improved gradually.

KEYWORDS: economic growth, human capital, fitness degree, economic growth model, fitness threshold

目　錄

第一章　總論　1

1.1　選題背景　2
1.2　研究目的與研究意義　3
　　1.2.1　研究目的　3
　　1.2.2　研究意義　4
1.3　國內外研究綜述　5
　　1.3.1　國外研究動態　5
　　1.3.2　國內研究動態　13
　　1.3.3　國內外研究動態述評　20
1.4　研究對象與研究範圍的界定　21
1.5　研究思路與研究方法　22
　　1.5.1　研究思路　22
　　1.5.2　研究方法　24
1.6　研究創新之處　25

第二章　人力資本適配性的概念、特徵及適配路徑　27

2.1　人力資本適配性的概念與特徵　28
　　2.1.1　基本概念　28
　　2.1.2　基本特徵　29
2.2　經濟增長與有效人力資本供給的互動關係　31
　　2.2.1　經濟增長的內涵與特徵　31
　　2.2.2　有效人力資本促進經濟增長的作用機理　32
　　2.2.3　經濟水平對人力資本適配性的限制　35
2.3　與經濟增長「適配」的有效人力資本特徵　37
　　2.3.1　經濟增長中的人力資本與產出需求「適配」　38
　　2.3.2　經濟增長中的人力資本與結構轉換需求「適配」　40
　　2.3.3　經濟增長中的人力資本與制度變遷需求「適配」　41
2.4　經濟增長中人力資本適配性的表現　43
2.5　人力資本與經濟增長的適配路徑　44

第三章　中國經濟增長中的人力資本適配度指數　47

3.1　人力資本與經濟增長適配度指標體系　48
3.2　指標構成與含義　50
　　3.2.1　人力資本的產出適配能力指標　50
　　3.2.2　人力資本的結構轉換適配能力指標　53
　　3.2.3　人力資本的制度變遷適配能力指標　56
3.3　指標計算與數據處理　59
3.4　指標權重的確定　67
　　3.4.1　賦權方法簡介　67

3.4.2　熵權法確定三級指標權重　70

　　3.4.3　模糊層次分析法確定一級和二級指標權重　74

3.5　人力資本適配度指數的計算與描述　78

　　3.5.1　中國各省市區人力資本適配度指數及排序　78

　　3.5.2　中國經濟增長中人力資本適配度的總體評價　81

第四章　人力資本適配度與經濟增長影響因素相關性分析　85

4.1　經濟增長影響因素分析　86

4.2　人力資本適配度與地區資本存量　90

　　4.2.1　省際資本存量的估算　91

　　4.2.2　人力資本適配度與地區資本存量相關性分析　99

4.3　人力資本適配度與人力資本投資　101

　　4.3.1　中國省際人力資本投資水平估算　101

　　4.3.2　人力資本適配度與人力資本投資水平的相關性分析　106

4.4　人力資本適配度與技術進步和知識累積　108

4.5　人力資本適配度與產業結構優化　109

4.6　人力資本適配度與制度變遷　111

　　4.6.1　對外開放指數　112

　　4.6.2　市場化指數　115

4.7　人力資本適配度與區位因素　121

4.8　本章主要結論　123

第五章　包含人力資本適配度的中國經濟增長模型及實證分析　125

5.1　包含人力資本適配度的中國經濟增長模型　126
   5.1.1　中國經濟增長模型構建與變量選擇　126
   5.1.2　指標數據的收集與處理　128
5.2　中國經濟增長模型的估計與檢驗　129
5.3　中國經濟增長中的人力資本適配度門檻　134
   5.3.1　人力資本適配度門檻檢驗　135
   5.3.2　人力資本適配度門檻有效性的統計檢驗　137
   5.3.3　人力資本適配度門檻的經濟意義檢驗　146
5.4　本章主要結論　147

第六章　中國人力資本適配性影響因素辨析　149

6.1　影響人力資本適配性的主要因素　150
   6.1.1　勞動力受教育程度　150
   6.1.2　人力資本投資　155
   6.1.3　人力資本類型　171
   6.1.4　勞動力跨區流動　179
   6.1.5　制度變遷　180
6.2　門檻上地區人力資本適配性影響因素　180
6.3　門檻下地區人力資本適配性影響因素　184
6.4　本章主要結論　187

第七章　中國人力資本適配性培養模式與對策建議　189

- 7.1　兩區域經濟增長階段差異　190
  - 7.1.1　兩區域經濟增長階段總體判定　190
  - 7.1.2　兩區域經濟增長特徵及差異　193
- 7.2　人力資本適配度門檻上地區人力資本適配性培養模式與對策建議　200
  - 7.2.1　「科技引領技術創新帶動型」人力資本適配性培養模式　201
  - 7.2.2　對策建議　202
- 7.3　人力資本適配度門檻下地區人力資本適配性培養模式及對策建議　204
  - 7.3.1　「政府主導產業變革推動型」人力資本適配性培養模式　205
  - 7.3.2　對策建議　206
- 7.4　政府在人力資本適配性養成中的作用　208
  - 7.4.1　政府的行為導問作用　208
  - 7.4.2　政府的監督調控作用　209
  - 7.4.3　政府的平衡糾偏作用　209

結　語　211

參考文獻　213

第一章
總　論

1.1　選題背景

　　自古典經濟學家開創了經濟增長的研究框架以來，經濟增長在很長一段時間成為人們關注的重要主題。然而隨著人類經濟社會的演進與發展，傳統經濟增長理論越來越難以解釋經濟增長現象，由此產生了一系列的經濟增長之謎，如「經濟增長余值之謎」、「列昂惕夫之謎」等。以舒爾茨等人為代表的人力資本理論開始從知識、技術進步和人力資本等方面尋找經濟增長的原因，並最終促進和推動了新經濟增長理論的產生和發展。對長期經濟增長的關注因內生經濟增長理論的出現而被再次點燃，學者們紛紛從人力資本與技術進步的角度尋找實現長期經濟增長的途徑。基於對長期經濟增長的關注，本書選擇研究中國經濟增長與人力資本之間的關係。

　　隨著知識經濟的悄然來臨，伴隨生產方式的巨變，人力資本在經濟增長中的作用及其作用機制都有了很大的變化。知識在經濟增長中發揮著越來越重要的作用；同時，經濟全球化加快了知識的累積與傳播速度，發達國家先進技術通過資本與貿易渠道向發展中國家擴散的外溢效應更加明顯，對發展中國家人力資本在知識經濟背景下經濟增長中的「合適性」和「有效性」提出了更高的要求。

　　自改革開放以來中國雖然已經實現了30年的高速經濟增長，但高投入、高消耗的生產方式卻始終難以轉變。自20世紀80年代以來，中國雖努力轉變經濟增長方式，但經濟增長質量與效益仍未見顯著提高。而20世紀90年代以後出現的各地區經濟增長差距持續拉大的現象也進一步表明，人力資本適配性的

欠缺和配置不均使落後地區知識累積能力惡化，經濟增長陷入「人力資本陷阱」難以擺脫。應當看到，未來十年是勞動年齡人口比重持續提高帶來的最後的人口紅利期，更是把握人口轉變契機，加強人力資本培育，應對知識經濟與全球化挑戰的關鍵時期。因此，對中國人力資本適配性及其在經濟增長中的作用和差異進行正確衡量與評估，探求有效的人力資本累積模式與途徑顯得尤為重要和迫切。

現有研究欠缺對人力資本「合適性」與「有效性」的直觀描述和對人力資本適配性的綜合評價，導致了人們在認識人力資本規模和水平，判斷人力資本對經濟增長的貢獻上存在較大的模糊性。這給本書提供了較大的研究空間。

本書正是基於知識經濟與全球化持續深化過程中人力資本適配性在經濟增長中的重要性，以及現有研究方法的欠缺而選擇了這一研究主題。

1.2　研究目的與研究意義

1.2.1　研究目的

本書試圖從人力資本適配性的角度解釋經濟增長，嘗試建立一個描述和度量經濟增長中人力資本適配性的一般框架，並將這一框架用於中國人力資本與經濟增長關係的研究中，探求合適的人力資本適配性培養模式。本研究欲達到以下目的：

（1）形成較為明確的用於描述和度量人力資本適配性的研究框架和研究方法，並對中國人力資本的適配度進行量化分析。

（2）將人力資本適配度引入經濟增長模型，就人力資本適配性在中國經濟增長中的影響程度和影響方式進行分析和研究。

（3）研究人力資本適配度的來源和形成機制，揭示中國經濟增長中有效人力資本形成和供給的基本規律，探尋合適的人力資本適配性培養模式。

1.2.2 研究意義

1.2.2.1 理論意義

首先，本書從人力資本的適配性角度出發研究人力資本在經濟增長中的作用，以知識經濟與全球化為背景，重新審視了人力資本對經濟增長的作用機制，豐富和發展了人力資本與經濟增長關係研究的理論框架。其次，本書在綜合比較人力資本計量方法的基礎上，基於人力資本對經濟增長的適配路徑構造了人力資本適配度指數。因此，本書在拓展人力資本內涵、拓寬研究視野和進一步完善人力資本計量研究方法方面有著較為重要的理論意義。

1.2.2.2 實踐意義

本書所提出的人力資本適配性研究的主要目的在於發掘人力資本的「資本性」、「異質性」和「可變性」，認為只有能夠發揮出來用於生產實踐和創新活動的，「有效的」人力資本才是知識經濟時代經濟持續增長的源泉。因此，識別經濟增長中這種「有效」人力資本的現狀顯得尤其重要。本研究的實踐意義在於：

（1）通過對人力資本適配性與經濟增長關係的量化研究，明確了人力資本適配性培養的重要性，為落後地區擺脫「貧困陷阱」提供了新的思路和途徑。

（2）揭示了中國經濟增長中人力資本適配性的表現、特徵和主要來源，明確了人力資本適配性培養目標，為選擇合適的人力資本適配性培養模式提供了依據。

（3）明確了中國經濟增長中人力資本適配性的區域差異，

提出應因地制宜進行人力資本適配性培養的建議,在政府宏觀決策與政策制定上有著較為重要的參考價值。

1.3 國內外研究綜述

目前尚無直接研究人力資本與經濟增長適配性的研究成果。本書是從人力資本適配性角度研究人力資本與經濟增長的關係,因此主要就國內外文獻中人力資本與經濟增長關係的研究成果、研究方法對本書的借鑑意義進行介紹和說明。

1.3.1 國外研究動態

1.3.1.1 人力資本與經濟增長關係研究的基本框架

對人力資本與經濟增長關係的重視和研究主要緣於人力資本理論與經濟增長理論研究的進步與融合。人力資本理論和內生經濟增長理論的形成和發展推動了對長期經濟增長關注的升溫,統計資料的完備以及計算手段的進步使得人力資本與經濟增長關係的研究開始興起,形成了基本的研究框架。

(1) 人力資本理論的貢獻

從20世紀50年代開始的人力資本理論研究主要是從兩個方面展開:一是在收入分配領域建立的人力資本理論框架,包括人力資本收益率的測算、人力資本的工資決定、職業培訓與正規教育對收入分配的影響、家庭和個人人力資本投資決策問題等。以雅各布·明塞爾為重要代表人物,舒爾茨和貝克爾也有相關論述。二是以人力資本在經濟增長中的貢獻和作用為研究內容,如舒爾茨對教育貢獻率的測算、丹尼森對經濟增長因素的分解等。舒爾茨應用經濟增長余額分析法核算出美國1929—

1956年國民收入增長的21%～40%應歸功於為增加人力資本存量而進行的教育投資（M. J. Bowman，1964），這一數據在世界各國被廣泛引證。丹尼森應用增長因素分析法估計了1929—1957年間美國勞動者質量的提高（人力資本的提升）對國民收入的貢獻為23%，再加上知識進展中人力資本效應的貢獻為12%，人力資本對經濟增長的總貢獻達到35%（李福柱，2006）。

庫茲涅茨（Kuznets）（1989，1995）在其著作《現代經濟增長》和《各國經濟增長》中，認為影響經濟增長的因素主要包括有用知識和科學的累積形成的技術創新、生產率的提高和結構的變化。新知識和技術革新要帶來人均產值的增長需要經過一系列中間環節，例如對勞動者的教育和訓練，對物質資本的投入和知識應用的判斷等。經濟增長的主要貢獻是勞動生產率的提高，而生產率的提高則源於勞動力受教育程度的提高、規模經濟和技術與知識的普及等。結構的轉換也離不開技術革新與發明，以及適應新產業或產品生產與開發的專業化勞動者或人力資本。

（2）內生經濟增長理論的貢獻

以索洛為代表的新古典經濟增長模型注意到技術進步在經濟增長中的重要作用，並測算了技術進步的貢獻率。但新古典模型並沒有解釋技術進步的發生機制，從而被看做外部給定的變量，使經濟增長問題仍然不能得到滿意的解釋。正如阿羅所言：「把一個非常重要的變量完全歸因於時間，在學術上是難以令人滿意的。」此后阿羅（1962）在其《邊干邊學的經濟含義》一文中提出了「邊干邊學」的概念，將技術進步解釋為「邊干邊學」的結果，認為隨著投資和生產的不斷擴大，新知識將不斷被發現，從而形成經濟收益遞增的可能，由此將技術進步解釋為全社會資本存量的函數。謝辛斯基則進一步對阿羅模式進

行了簡化和擴展。而宇澤弘文在其模型中引入了教育部門，認為技術變化源於專門生產思想的教育部門，教育部門所產生的新知識會提高生產率，而教育部門發展所帶來的人力資本累積能帶來人均收入的持續增長（陸根堯，2004）。以上模型對技術變化提供了內生解釋，但仍無法擺脫「沒有人口增長就沒有長期經濟增長」的限制。

為更加完美地解釋經濟增長的源泉，於20世紀80年代出現的內生經濟增長理論將經濟增長因素內生化，認為技術進步、知識累積和人力資本是經濟增長的源泉，其外部效應所帶來的規模報酬遞增是經濟持續增長的動力和原因。由於對技術進步、知識累積和人力資本因素作用的認識不同而形成了不同類型的內生經濟增長模型。借鑑陸根堯（2004）和譚永生（2007）的研究，將內生經濟增長模型大致劃分為五種類型：一是以羅默、斯多克和楊為代表的知識外溢與「干中學」模型，主要沿襲宇澤模型和阿羅模型的基本思想，認為知識外溢和「邊干邊學」所帶來的知識累積是經濟增長的主要源泉。二是以格羅斯曼、赫爾普曼和林維特為代表的技術進步內生化模型，著重研究以新產品出現和產品質量不斷提高為表現的技術進步，強調研究與開發部門在技術進步形成上的作用。三是以盧卡斯為代表的人力資本內生化經濟增長模型。盧卡斯（1988）將人力資本作為生產要素直接引入經濟增長模型，度量其直接產出作用和外部效應，認為一國經濟增長不需要依賴人口增長，只要有持續的人力資本累積即可實現長期經濟增長。羅默（1990）提出的知識驅動模型也是利用盧卡斯模型的基本框架研究技術進步和經濟增長。四是內生分工與專業化模型，強調分工與專業化在技術進步過程中的重要作用。舒爾茨在1987年重提艾林‧楊格在1928年的經典文章，強調經濟增長應該源自專業化、勞動分工和遞增收益，認為專業化和勞動分工有助於加速知識累積，

從而突破經濟增長的限制。此后出現了以楊小凱—博蘭德（1991）、貝克爾—墨菲（1992）為代表的分工與專業化內生增長模型。五是以阿洪和赫維特（1998）為代表的反應熊彼特「創造性毀滅」思想的內生經濟增長模型。

因此，內生經濟增長理論中關於人力資本與經濟增長的關係大致有兩種觀點：一種觀點是以盧卡斯為代表的「直接論」者，認為人力資本累積是經濟增長的直接驅動力，將人力資本視為一種生產要素，在經濟增長中既有直接產出效能也對其他增長要素發揮著外溢效應，使規模報酬遞增；另一種觀點是以羅默為代表的「間接論」者，認為推動經濟增長的直接動力是技術進步和知識累積，人力資本是「知識」累積的關鍵因素。「知識」具有溢出效應，使得人力資本能夠通過「知識」和技術進步對經濟增長發揮作用。

（3）簡要述評

國外人力資本與經濟增長關係的研究為我們提供了研究的理論基礎和基本框架，其主要貢獻在於從理論上證明了人力資本在技術進步、知識累積及由此形成的經濟增長中的重要作用。而經濟增長理論的大發展則為將人力資本納入經濟增長模型提供了理論基礎和實證研究工具。現代經濟增長模型中已無法迴避人力資本因素，盧卡斯、羅默等大師創造性的研究為人力資本與經濟增長關係的研究奠定了理論模型基礎。此后的研究中，以不同形式表現的人力資本變量被納入新古典經濟增長框架中，得出了許多不同的結論。而本書關於人力資本適配性及其在經濟增長中的作用也正是遵循了這一基本框架，在構建人力資本適配度指數的基礎上借鑑人力資本型內生經濟增長模型，通過實證分析驗證了人力資本適配性在中國經濟增長中的重要性及其門檻效應，從而有針對性地分區域提出人力資本累積與提升模式，得出更有價值的結論。

1.3.1.2 人力資本與技術進步的合適性研究

在經濟全球化的進程中，國家和地區之間的投資與貿易往來日益頻繁。在研究中，人們發現從發達國家向發展中國家的技術擴散對發展中國家的經濟增長和人力資本形成都產生了顯著影響。根據許學軍（2003）的研究，早在1973年，舒梅切爾就尖銳地批評了發展中國家為實現技術追趕而制訂的大型資本密集型投資計劃，因為發展中國家勞動力素質低，加之缺乏市場容量和金融支持將使這些計劃難以實施。本海博和斯比格爾的研究表明，人力資本能夠提高發展中國家吸收和應用發達國家先進技術的能力（許學軍，2003）。伯恩斯坦（Borensztein et al，1998）認為國外直接投資和人力資本水平之間存在強烈互補性，只有當東道國的人力資本水平達到一定水平時，國外直接投資才可能推動其經濟增長（許學軍，2003）。埃希莫格魯和茲利博蒂更加明確地指出發達國家向發展中國家傳遞的技術都是人力資本偏向型技術，當發展中國家人力資本水平與技術不能匹配時，會影響發展中國家應用先進技術的能力，從而進一步拉大發達國家與發展中國家生產率的差距（許學軍，2003）。而盧卡斯（1990）也曾指出一國或地區的人力資本應當與物質資本相適應，並用人力資本的不適應性解釋了20世紀80年代后期出現的「資本回流」現象。巴羅和薩拉伊馬丁（2002）的研究表明一國或地區的初始人力資本水平對技術進步乃至經濟增長能力都有著顯著的影響。

人力資本與技術進步的合適性研究主要是在知識外溢與技術進步條件下針對發展中國家如何發揮人力資本作用的深入研究。研究結論表明：發展中國家必須具備一定的人力資本基礎才能吸收和利用國外先進技術；反之，則可能使本國經濟掉入低增長陷阱。人力資本與技術進步的合適性研究源於人們對有效發揮人力資本作用必須具備的初始條件的深入思考，正是由

於這些研究的啓發，形成了本書對人力資本適配性展開研究的基本出發點，即勞動者的人力資本水平必須與知識累積和技術水平相適應才能切實促進技術進步和經濟增長。

1.3.1.3 人力資本計量與實證分析研究動態

在人力資本研究中，關於人力資本計量及其在經濟增長中的實證研究成為近年來的研究熱點。人力資本由於其難以計量的特性也吸引了眾多學者從多個角度研究和設計計量方法，而人力資本計量方法的差異使實證研究結論各不相同。總結有代表性的研究，我們發現對人力資本的計量方法大致可分為兩類，一是對人力資本存量的估算和計量方法，一是綜合反應人力資本特徵用於綜合評價與比較分析的指數法。

（1）人力資本存量計量與實證分析動態及述評

Mireille Laroche 和 Marcel Mérette （2000）將西方國家人力資本研究中使用的計量方法總結為三大類型：一是基於舒爾茨關於人力資本投資思想的「成本法」（cost-based approach）；二是以教育成就為形式的「產出法」（output-based approach），類同於國內研究中所提出的「教育存量法」和「指標代替法」；三是基於英國統計學家威廉·法爾的人力資本經濟價值計算方法的「收入法」（income-based approach）。

「成本法」是各項人力資本投資費用總和，最早提出成本法的是 Engel（1883）。Kendricks 運用成本法估算了美國 1929 年人力資本投資占總投資的比例為 45.2%，占 GNP 的比例為 19.8%，1969 年人力資本投資占總投資和 GNP 的比例分別為 49.6% 和 24.5%。考慮人力資本貶值的可能，Kendricks 和 Eisner 分別提出了不同的人力資本折舊方法來計算人力資本存量（Mireille Laroche 和 Marcel Mérette，2000）。

「產出法」則主要衡量教育成就形式的人力資本，通常有兩種處理方法：一是採用成人識字率或各級學校入學率作為衡量

人力資本水平的指標，一是採用平均受教育年限來衡量人力資本水平。前者由於數據的廣泛可得性，常用於包含人力資本因素的跨國迴歸分析，如 Barro 1991 年的研究、Mankiw, Romer 和 Weil 1992 年的實證研究即是採用學校入學率作為人力資本水平的代表，而 Romer1989 年的研究、Azariadis 和 Drazen 1990 年的研究則是將成人識字率作為人力資本的近似代表（Mireille Laroche 和 Marcel Mérette 2000）。採用平均受教育年限來計量人力資本，如 Psacharopoulos 和 Arriagada 於 1986 年和 1990 年的研究（Mireille Laroche 和 Marcel Mérette，2000），此后圍繞受教育年限進行精細化分析的還有 Lau, Jamison 和 Louat、Kyriacou、Barro 和 Lee、Koman 和 Marin（Mireille Laroche 和 Marcel Mérette，2000）以及 Daniel Cohen 和 Marcelo Soto（2007）等。安格斯‧麥迪森則考慮了不同等級教育所帶來的勞動非同質性，根據不同受教育程度勞動報酬的差異給出了折算系數並計算出受教育當量年。Mireille Laroche 和 Marcel Merette（2000）在 Koman 和 Marin 的方法基礎上提出了同時考慮受教育程度和工作經驗所形成的人力資本，對加拿大人力資本存量進行了估算。

「收入法」是將勞動者在勞動力市場上所獲取的終生收入貼現來計算其人力資本價值。Jorgenson 和 Fraumeni 設計了模型採用收入貼現的方法來計算人力資本存量，而 Mulligan 發展了勞動收入模型以計算美國人力資本存量（Mireille Laroche 和 Marcel Mérette，2000）。由於這一方法在理論上較為完備，且具備詳盡的人口與勞動統計資料，近年來為西方學者廣泛採用。如 Silva（2004）對葡萄牙人力資本存量的估算，Trinh 等（2005）對新西蘭人力資本存量的估算，以及 Wei（2008）對澳大利亞人力資本存量的估算。

從西方人力資本計量研究方法的發展趨勢來看，「收入法」的重要性日益突出，近年來發展迅速，成為人力資本計量的主

流方法。該方法在理論上較為完備，將重點放在人力資本的市場價值上，計量符合市場需要的人力資本，自動識別不符合市場需要的、因知識老化健康狀況下降而貶值的人力資本，較為準確地把握人力資本的實際有效投入，是一種較為科學合理的方法。美國、加拿大、新西蘭等重視人力資本統計的發達國家，其人口、勞動力及薪酬統計資料較為完備，為勞動報酬方法在實證分析中的應用提供了便利，因此該方法在西方國家應用較為普遍。相對而言，「成本法」可能過高估計人力資本存量，「產出法」則可能過低估計人力資本存量。因為相同的人力資本投資不一定形成相同的工作能力和學習能力，僅衡量受教育情況無法反應經驗、健康所帶來的勞動能力的提高。

(2) 人力資本綜合評價指數法研究動態及述評

對人力資本進行計量的另一個途徑則是根據人力資本的表現及特徵利用指標體系與綜合評價方法計算人力資本指數，並用於綜合評價與比較分析。國外較有影響力和代表性的人力資本指數主要有世界銀行「全球知識經濟指數」（KEI）中的人力資源競爭力指數（每年發布）以及英國著名諮詢機構羅伯特·哈金斯協會所構建的「全球知識競爭力指數」（WKCI）（2002—2009年）中的人力資本競爭力指數。KEI指數相對簡單，僅設計了三項指標，從成人識字率和中高級教育的入學率來反應人力資源的競爭力，較為粗略。而WKCI指數則側重從勞動力在知識產業中的配置情況來反應其人力資本在知識經濟中的競爭力，較為符合知識經濟特徵。然而，該指標體系並未反應出知識型勞動者在生產績效上的差異。

指數法的優點是能夠多維地描述人力資本的特徵，尤其是人力資本中一些軟性的特徵，如思想道德品質、學習與創新能力、善於發現機會的能力、吃苦耐勞的品質等。在對群體人力資本特徵的描述中，能夠避開人力資本計量中存在的諸多問題，

能較好地把握人力資本的內核。然而，指數法尚未成為人力資本計量的主流方法，因為它無法準確回答人力資本到底有多少，只能回答誰的人力資本比誰的好，誰的人力資本更有發展潛力。因此，在人力資本與經濟增長關係的研究中尚未得到應用。

總體而言，國外人力資本的計量方法各有優劣，存量計量法主要用於人力資本絕對數的計量，缺點是難以多方面地涵蓋人力資本豐富的內涵。指數法能綜合反應人力資本多方面的表現和特徵，卻無法衡量存量高低，較多地用於相對比較。

1.3.2 國內研究動態

中國對人力資本與經濟增長的研究起步較晚，大約在20世紀90年代初開始出現，此后研究成果日漸豐富。與國外研究相比，中國學者們在人力資本概念和內涵上進行了更廣泛的探討和深入的論述，為國內的人力資本實證研究奠定了堅實的理論基礎。為與國外研究動態相對應，我們分別從人力資本概念、人力資本與經濟增長關係、人力資本與技術進步合適性以及人力資本計量方法與實證研究動態等方面介紹國內研究動態。

1.3.2.1 人力資本概念與內涵的深入闡釋

在舒爾茨的人力資本定義基礎上，國內學者進行了更深入的探討，將人力資本與人力資源、人力資產等概念進行比較，以更明確和嚴格地界定人力資本的內涵。

大致說來，若以是否將人力資本與人力資產或人力資源區別開來作為標準，理論界對人力資本內涵的界定可以劃分為三類：一是未將人力資本與人力資源嚴格區分開來，籠統使用，如周其仁（1996）、張維迎（1996）等都隱含地接受這種觀點；二是雖未明確指出人力資本與人力資源是兩個相異的概念，但在使用人力資本時隱含地把兩者區分開來了，如劉迎秋（1997）、李忠民（1999）等的觀點；三是將人力資本與人力資

源嚴格地區別開來，如魏杰（2002）等。

從人力資本的定義上來看則因側重點不同可分成四類：一是沿襲舒爾茨的觀點，強調人力資本是通過投資所形成的各種能力的綜合，如劉迎秋（1997）、張鳳林（2006）等的定義；二是強調人力資本的資本性與外部性，即需要投資形成，能帶來邊際收益遞增，如李忠民（1999）、魏立萍（2005）、李玉江（2005）等的定義；三是強調人力資本的依附性和產權性質，如周其仁（1996）、李建民（1999）的定義；四是綜合性的定義，即同時包含人力資本的形成、內容、資本性質與產權特徵等多方面特徵的定義。這類定義目前較為普遍，如姚樹榮和張耀奇（2001）、王金營（2001）、李玲（2003）、譚永生（2007）等。

人力資本定義所呈現的綜合化趨勢表明人們對人力資本的產生和作用機制有了更深刻的認識，力圖呈現人力資本的多維特徵。而人力資本定義的綜合化也使得人力資本核算在內容和範圍上更加廣泛，對現行的人力資本測度方法提出了挑戰，也為我們提供了更廣泛的研究空間。

1.3.2.2 中國人力資本與經濟增長關係的研究動態

中國人力資本與經濟增長關係的研究起始於20世紀90年代，最初是研究人力資本存量對經濟增長的作用，取得了豐富的研究成果。由於中國經濟增長正處於轉型期，制度變革給經濟增長注入了強大動力，而部分地區的快速增長與落後地區的徘徊不前形成了鮮明的對比。近年來學者們逐漸將視線投向了中國人力資本結構與配置問題，試圖從人力資本結構的合理性和配置的效率性解釋中國經濟增長中的不平衡現象。

（1）中國人力資本總量與經濟增長關係研究動態

在研究中國人力資本總量與經濟增長關係上較有代表性的學者及研究成果可根據其採用的模型和方法大致分為三類：

一是利用傳統的生產函數形式對人力資本在經濟增長中的

貢獻進行測算，如李望坤（1998）、沈利生和朱運法（1999）、侯亞非（2000）、胡永遠（2003）等；二是在傳統生產函數基礎上根據中國經濟增長的現實情況，引入結構、制度因素對經濟增長要素進行細化分解從而得出人力資本貢獻的，如陸根堯（2004）、李雪峰（2006）、王瑞澤（2006）、譚永生（2007）、郭志儀和曹建雲（2007）等；三是依據盧卡斯的人力資本外部性模型在考慮人力資本外溢的前提下測算的人力資本對經濟增長的貢獻，如王金營（2001）、魏立萍（2005）等。

以上研究在結論上差異較大，所測算的人力資本貢獻最低為8.3%（譚永生，2007），最高為30.6%（沈利生和朱運法，1999）。而採用傳統C-D型生產函數的測算結果通常高於后兩種測算方法，原因是經濟增長因素的進一步分解以及人力資本外部性的測算使原本計入人力資本貢獻的因素被剝離出來，使人力資本的貢獻下降。此外，由於學者們採取不同的人力資本計量方法，使人力資本數據呈現出非常大的差異，造成人力資本貢獻率的測算結果相差甚遠，這使得我們難以正確把握和評價當前中國經濟增長中人力資本的基本狀況及其作用。

（2）中國人力資本結構與經濟增長關係研究動態

根據現有國內研究成果，人力資本結構大致可分為類型結構、產業配置結構、區域配置結構和城鄉分佈結構四種類型。其中類型結構又可根據劃分類型的依據不同分為投資類型結構，即人力資本在教育、技能、健康和遷移流動等方面進行投資所形成的教育資本、技能資本、健康資本和遷移資本；層級結構，即按照人力資本水平的高低進行劃分，一般分為普通人力資本、專業化人力資本、企業家人力資本和研發型人力資本等，或劃分為初級、中級和高級人力資本等。

近年來，許多實證研究已經涉及人力資本結構在經濟增長中的作用：在類型結構方面，如陳釗等（2004）、郭繼強

(2005)、楊建芳等（2006）、陳浩（2007）的研究；產業配置結構方面，如王金營（2001）、張俊莉（2004）以及李福柱與李忠雙（2008）等的研究；區域配置結構方面，如劉傳江和董延芳（2007）、王良健和何瓊峰（2008）的研究；此外，還有一些研究同時涵蓋了區域配置與城鄉分佈結構，如蔡昉（2000）從勞動力市場分割研究了城鄉勞動力流動的障礙，王小魯（2000）的研究中專門提及了城鄉人力資本流動對經濟發展的影響，李玲（2003）關於人力資本流動的研究則同時涵蓋了人力資本的產業配置、區域配置和城鄉分佈，以及侯風雲（2007）的研究都對人力資本流動和城鄉人力資本的配置進行了研究。

此外，借鑑國外學者如 V. Thomas 等（2000）以及 Amparo Castelló 和 Rafael Doménech（2001）研究中利用基尼系數反應人力資本非均衡程度的方法，國內學者以人均受教育年限為依據對中國人力資本基尼系數進行了測算，並利用人力資本基尼系數對地區經濟增長的差異進行瞭解釋，認為人力資本「均化」有助於人力資本累積，並對經濟增長產生積極正面影響。如劉海英等（2004）、李忠強等（2005）以及李秀敏（2007）等的研究。

1.3.2.3　中國人力資本與技術進步合適性的研究

國外研究表明技術外溢效應是外商直接投資（FDI）影響東道國技術進步的最重要的一種方式，中國學者們則對中國經濟增長中由於 FDI 帶來的技術進步與人力資本是否相適應進行了大量的研究。

許學軍（2003）以拉美國家為例證實了大量 FDI 所帶來的不合適的技術進步通過拉大不同技能勞動力的收入差距會嚴重阻礙發展中國家的人力資本形成，而以東亞人力資本對技術進步適應性為例證明了人力資本的先行累積與合適的技術進步不僅能促進落後國家的快速發展，同時能進一步誘致人力資本形

成，由此帶來人力資本、技術進步與經濟增長的良性循環。賴明勇等（2005）將「技術吸收能力」引入到開放經濟模式下的內生增長模型，考察本國技術吸收能力與技術外溢、穩態經濟增長率之間的關係。研究結論表明本國技術吸收能力是決定最終的技術外溢效果、技術進步率以及穩態經濟增長率的關鍵變量，而本國人力資本累積、貿易開放度則是決定吸收能力的重要因素。因此，最適宜的技術引進應當是與本國人力資本水平和貿易開放程度相匹配的技術。

而近年來關於 FDI 外溢與技術進步中人力資本門檻效應的研究則進一步明確了與形成良性技術進步相匹配的人力資本初始條件，如劉厚俊和劉正良（2006）、郭玉清和楊棟（2007）以及張宇（2008）等的研究。

以上研究基於 Quandt（1958）與 Hansen（1999，2000）所提出的門限迴歸方法計算人力資本門檻，對目前中國吸收和利用國外先進技術的能力進行研究。他們的研究方法與研究結論為本書在利用人力資本適配性的門檻效應來解釋中國經濟增長及地區差異上提供了理論基礎和研究方法，給本書以較大的啟迪。

1.3.2.4　中國人力資本計量與實證研究動態

對中國人力資本計量的研究同樣可歸結為兩個方面，即對中國人力資本存量的計量研究以及對中國人力資本指數的計量研究。

（1）中國人力資本存量計量方法研究動態

王金營（2001）將人力資本計量方法總結為三類方法，即從產出角度的度量方法、從投入角度的度量方法和教育年限法，並將群體人力資本定義為人力資本水平與勞動力人數的乘積。其中，投入角度度量法又包括了學歷指數法、技術等級或職稱等級法、教育經費法以及人才與非技術勞動的分解法。錢雪亞

等（2003）在對中外學者關於人力資本計量方面的文獻進行研究的基礎上提出了三類計量方法，即未來收益法、累計成本法和教育存量法。侯風雲（2007）則將國內外人力資本計量方法總結為五種方法，即成本基礎法、替代法、實現法、收入基礎法和綜合法，並在此基礎上提出了自己的計量方法——形成基礎法。從方法構成上來看，錢雪亞與侯風雲較為統一，與國外研究相近。

以上方法儘管名稱不同，但有許多共同之處。如王金營所定義的產出角度度量方法實質上是指勞動報酬法，與錢雪亞所提出的未來報酬法以及侯風雲總結的收入基礎法在本質上是相同的。而錢雪亞的累計成本法與侯風雲的成本基礎法是一致的。此外，錢雪亞所提及的教育存量法與國外研究中的「產出法」和侯風雲所定義的替代法相近。

較多國內學者對中國人力資本存量進行了計量和實證研究，但國內研究通常採用兩類方法：一是測算形成人力資本的成本，利用各項人力資本投資的總和來計量人力資本。如周天勇（1994）、沈利生和朱運法（1997）、李寶元（2000）、張帆（2000）、樊瑛和張鵬（2004）、李玉江（2005）、侯風雲（2007）等的研究。二是教育存量方法，與國外研究相比，中國學者傾向採用教育指標如入學率、人均受教育年限等來衡量人力資本水平。如諸建芳等（1995）、胡鞍鋼（2000）、侯亞非（2000）、王金營（2001）、胡永遠（2003）、陸根堯（2004）、魏立萍（2005）等的研究。

由於人口與勞動統計資料的限制，使得中國學者難以採用國際通行的勞動報酬法來計量人力資本，目前研究成果較少。《中國人力資源開發報告2008》在借鑑收入法基本原理的基礎上核算了中國人力資本價值總量，用現實統計資料可得的居民總收入代替對勞動者「個人」勞動收入的統計，使該方法具有可

行性（中國人力資源開發研究會，2008）。但這一變通處理方法使較多的非人力資本因素被計入，容易過高估計人力資本存量。

由此可見，當前中國人力資本存量計量方法主要採用成本法和教育存量法。這兩種方法的優缺點如前所述，簡單直觀、便於把握，但在正確衡量人力資本的市場價值和經濟價值上較為欠缺。人力資本存量計量方法急需得到改善，前提是建立相對完備的人力資本統計制度，以獲得系統連續的人力資本基礎數據。因此，中國應當重視人口與勞動統計工作，加強勞動力市場建設，使人力資本資料更加細化，以滿足人力資本存量計量的需要。

總體而言，人力資本的各種計量方法為實證研究中人力資本的統計範圍和內容奠定了基礎。本書雖然是以人力資本在經濟增長中的適配性作為研究對象，並未採用人力資本存量計量方法，但在設計人力資本適配性指標體系時仍然借鑑了體現在這些計量方法中的人力資本形成、教育的重要性等觀點和思想，在指標體系中引入了體現知識水平、教育投入、企業培訓以及流動遷移的指標用於描述人力資本的適配性。

（2）國內人力資本指數計量方法與實證研究動態

由於人力資本存量在內涵和計量方法上的困難，人們開始採用綜合評價方法對人力資本指數進行計量。

倪鵬飛從2003年開始每年發表《中國城市競爭力研究報告》，每年對評價指標和評價內容上都進行了調整和修改，評價城市也從最初50個增加到2008年的200個。其中2004年城市競爭力報告中的人才競爭力指數從健康水平、知識水平、技術水平、能力水平、價值取向、創業精神、創新意識、交往操守等方面對人力資本水平進行了綜合評價；李玉江等（2005）從教育、研究與開發以及健康三方面計算了區域人力資本豐裕系數；周德祿（2005）認為人力資本是以人口質量（教育、經驗、

健康）為核心變量的人口質量與人口數量的綜合，並提出了基於人口指標設計的群體人力資本核算指標體系和方法；趙祥宇，袁倫渠（2006）通過建立人力資本水平評價指標體系，採用多元統計方法進行綜合評價；陳希等（2007）從教育資本、健康資本和經驗資本三方面構建人力資本評價指標體系，採用多層次模糊綜合評價方法計算人力資本指數；王治宇和馬海濤（2007）利用多層次權重解析法從人力資本教育水平、經驗水平、健康水平、遷移狀況四個方面構建指標體系進行綜合評價；羅新華（2007）從企業人力資源管理的角度利用模糊綜合評價方法構建人力資本指數。

指數方法能從多個角度和側面反應人力資本的特徵，指標數據通常具有較強的可得性，實證分析結果能提供豐富的信息，便於進行管理和調控。然而，指數的科學性和合理性是建立在指標體系的科學性與合理性基礎之上的。從現有研究來看，綜合評價方法主要採用多元統計分析、模糊綜合評價和多層次權重解析方法，已經較為成熟。直接影響人力資本評價效果的是人力資本評價指標體系的設計，已有的研究主要是從人力資本的構成和形成角度去構建指標體系，有的研究還相當粗略，選取的指標也通常是反應人口素質的指標，如受教育程度、醫療保健狀況、預期壽命等。人力資本的「多維性」、「異質性」、「可變性」等真正內涵並未得到充分反應，對判定人力資本的「合適性」和「有效性」則較為欠缺。

1.3.3 國內外研究動態述評

國內外人力資本與經濟增長關係的研究視角正在逐漸發生變化。從起初關注人力資本存量及其在經濟增長中的貢獻研究逐漸轉變為考察人力資本結構與人力資本配置效率對經濟增長的影響，已經涉及對人力資本「合適性」和「有效性」的研

究。然而，現有研究在描述人力資本的「合適性」和「有效性」方面存在兩個問題：一是衡量標準過於單一，通常以人均受教育年限為評價標誌對人力資本結構和配置進行研究。而事實上，受教育程度的高低並不是決定人力資本是否合適和有效的唯一標準。二是現有研究主要就人力資本結構改善和配置效率的提高及其對區域經濟增長的影響進行討論，與經濟增長的結合併不緊密，沒有給出一個較為確切的研究範式。因此，在人力資本適配性的質與量的規定上，在研究以人力資本適配性為表徵的有效人力資本在經濟增長中的作用上給本書留下了較大的研究空間。而人力資本指數研究方法和人力資本門檻效應檢驗方法為全面描述有效人力資本特徵，尋找人力資本適配性由量變到質變的內在演化規律奠定了方法論基礎。

1.4　研究對象與研究範圍的界定

本書的研究對象是經濟增長中的人力資本適配性，圍繞著人力資本適配性的質的規定與量的界定展開研究。「適配」（Fitness）一詞具有適應與配合之意。簡單地說，經濟增長中人力資本的適配性是指在經濟增長過程中，適應經濟增長需求的有效人力資本供給現象。由於人力資本通常體現為勞動力憑藉其知識、經驗、技能和健康而產生的各種有價值能力的總和，因此，經濟增長中的人力資本適配性表現為勞動力在經濟增長中「合適的」，能夠得到有效發揮的能力。

然而人力資本適配性不是一個獨立的範疇，它是依附於特定的適配對象所形成的一種關係，與一定的經濟背景、制度環境、人文環境有著不可分割的密切聯繫。因此，書中所提及的

人力資本適配性均為經濟增長中的人力資本適配性。

從研究範圍上看，本書重點研究了中國各省市區人力資本適配性的基本狀況，進而形成對中國人力資本適配性的總體判斷，並利用適配度指數對人力資本適配性及其在經濟增長中的作用進行量化和實證分析。

1.5 研究思路與研究方法

1.5.1 研究思路

本書提出用「人力資本適配性」概念研究其在經濟增長中的「合適性」和「有效性」，並對中國經濟增長中的人力資本適配性進行了實證研究，以期發現和驗證人力資本適配性在經濟增長中的作用及其作用機制，探索合適的人力資本適配性培養模式。

首先，界定人力資本適配性的基本概念及其特徵。在對以「適配」為基本特徵的有效人力資本與經濟增長的互動關係進行詳細討論的基礎上，描述與經濟增長需求相適應的人力資本的現實表現。由此構建人力資本與經濟增長的適配路徑，為人力資本適配性的度量和深入分析提供理論框架。

其次，依據人力資本與經濟增長的適配路徑，結合中國經濟增長現實情況，構建中國人力資本適配度指數，對中國經濟增長中人力資本的適配程度進行量化，並就其一般水平和分佈特徵進行分析。

再次，研究人力資本適配度與經濟增長主要影響因素之間的關係，觀察人力資本適配性在經濟增長中的作用機制和影響方式，並根據其相關性的表現，判斷人力資本適配度的合理性

與科學性。在此基礎上,將人力資本適配度引入經濟增長模型,考察人力資本適配度對現實經濟增長的解釋能力,並試圖在建立模型的過程中利用人力資本適配度識別中國經濟增長中的地區差異,從而對人力資本適配性在中國經濟增長與縮小地區差異過程中的決定性作用進行研究和討論。

最后,根據中國經濟增長中人力資本適配性與其重要影響因素之間的數量關係對人力資本適配性的主要來源進行辨析,探求合適的人力資本適配性培養模式,並提出建議和對策。

將以上思路形成本研究的技術路線,如圖1-1所示:

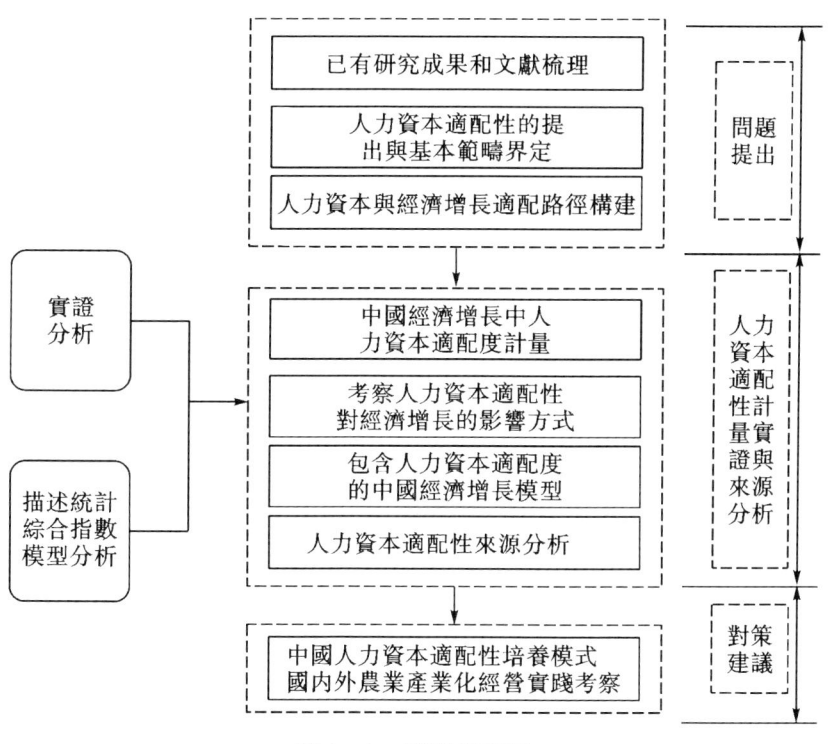

圖1-1 研究思路圖

1.5.2 研究方法

本書研究方法屬於實證研究範疇。從人力資本理論與經濟增長理論出發，用人力資本適配度指數度量了經濟增長中人力資本適配性的高低。依據內生經濟增長理論構建經濟增長模型，對中國人力資本適配性與經濟增長之間的關係進行了實證研究，明確了中國經濟增長中人力資本適配性的作用和貢獻。研究結果為探求中國人力資本適配性的來源及形成規律，尋找合適的人力資本培養模式提供了依據。為此，在研究中主要採用實證分析方法。

（1）綜合指數法

本書的核心內容之一是對人力資本適配程度進行定量分析。考慮人力資本適配性表現的複雜性，選擇建立指標體系，利用綜合指數法求得人力資本適配度指數及所轄各級指數來反應人力資本適配度的高低，並為研究人力資本與經濟增長的關係奠定了基礎，在本研究中有著非常重要的作用。

（2）計量經濟模型法

為研究人力資本適配性在中國經濟增長中的地位和作用，本書首先根據索洛模型與盧卡斯模型的基本形式設計了經濟增長模型，利用計量經濟研究方法建立包含人力資本適配度的中國經濟增長模型，考察人力資本適配度對經濟增長的解釋能力，對其重要性和存在的合理性進行分析和評價。其次，由於中國經濟增長地區差距日益擴大，本書利用前面所設計的人力資本適配度解釋中國地區經濟增長水平的差異，並對中國經濟增長中的人力資本適配度門檻效應進行了檢驗。通過對該門檻的檢驗和解釋，進一步表明中國經濟增長中人力資本適配度的差異正是地區經濟增長差異的重要原因。因此，計量經濟模型法在本書中的應用對於得出合理的結論並提出有價值的建議有著不

可替代的作用。

（3）描述統計法

由於本書實證分析的特性，在文章的每一階段為得到相關結論均大量地採用了描述統計方法。如對全國及各地區各項人力資本適配度指數的描述統計分析揭示出人力資本適配度的變化軌跡；在人力資本適配度來源分析中為尋找主要影響因素，也大量使用了描述統計指標對研究對象的基本特徵進行描述；為便於用人力資本適配度門檻去識別中國經濟增長差異，本書分別對門檻下與門檻上地區的經濟增長的要素投入和結構特徵進行了描述。因此，本書所採用的描述統計方法對主要結論形成了有力的支撐，是文章不可缺少的重要方法。

1.6　研究創新之處

本書在以下方面有所創新：

（1）從人力資本適配性的角度解釋經濟增長，與以往研究相比，突出了具有「合適性」與「有效性」的高水平人力資本在經濟增長中的作用，更加符合人力資本的特性。

（2）嘗試建立的人力資本適配性理論框架，補充和豐富了現有人力資本理論與經濟增長理論。

（3）證實了中國經濟增長中存在人力資本適配度門檻，並通過人力資本適配度單門限兩區制經濟增長模型解釋了20世紀90年代以來，中國地區經濟增長差距持續拉大的「趨異」過程，更加貼近中國經濟增長現實情況，從而提高了經濟增長模型的解釋能力。

（4）根據人力資本適配度門檻將中國各省市區劃分為人力

資本適配度門檻上地區與門檻下地區，並依據兩區域不同的經濟增長特徵和人力資本適配性要求分別提出「科技引領技術創新帶動型」和「政府主導產業變革推動型」人力資本適配性培養模式，對政府宏觀政策的制定有較強的指導意義和參考價值。

第二章
人力資本適配性的
概念、特徵及適配路徑

人力資本的內核是其「合適性」與「有效性」，是與經濟增長需求相適應的人類能力的總和，較高的人力資本適配性是高水平人力資本的重要標誌。為刻畫人力資本在經濟增長中的適配性質，本章首先闡述了人力資本適配性的概念與特徵，並明確了「有效」人力資本與經濟增長的互動關係和作用機理。通過對與經濟增長需求「適配」的人力資本特徵描述確立了人力資本與經濟增長的適配路徑，為度量和研究人力資本適配性奠定了理論基礎。

2.1 人力資本適配性的概念與特徵

人力資本理論的創始人舒爾茨（1991）認為人力資本是人們通過「慎重投資」而「獲得的有用的技能和知識」，強調了人力資本的「有用性」。這一定義雖未明確提出人力資本的適配性，卻已經蘊含了人力資本的「合適」與「有效」性。然而，此后的學者們在定義上更多地強調了人力資本的形成、內容構成和資本性質，由此產生的測度方法反而淡化了人力資本的有用性。這裡強調了人力資本的「有用性」，並進一步將其具體化，形成了對人力資本適配性概念及其特徵的解釋和描述。

2.1.1 基本概念

人力資本適配性特指經濟增長中人力資本所具有的「合適性」與「有效性」。具體而言，即是指特定制度條件與文化背景下，人力資本的形成和供給與經濟增長中的人力資本需求之間表現出的契合與匹配的性質。它的載體是人力資本供給與經濟增長需求之間的適配關係，它的外在表現形式是勞動者人力資

本的有效發揮，即工作能力、學習能力、應付非均衡能力的顯著提升，人力資本配置效率的提高和結構的改善。

這一定義表明與經濟增長「適配」的人力資本必須具備兩個基本條件。

（1）以勞動者的知識、經驗、技能、健康以及由此形成的產出、創新、流動和配置等各種能力為主要表現形式的人力資本應當適應經濟增長的需要，能夠實現合理配置和流動，即具備「合適性」。

（2）保證勞動者「合適」的人力資本在特定的制度、區位和文化背景中長期處於「開啓」狀態，形成「有效的」人力資本。

2.1.2 基本特徵

（1）動態性

人力資本適配性是反應人力資本與經濟增長之間配合關係的概念，這種關係本身就是一個動態的關係，使得人力資本適配性表現出較強的動態性。主要表現在兩個方面：一是由於經濟增長階段和經濟增長目標的變化帶來人力資本需求的動態性，二是人力資本在形成、累積過程中產生的人力資本供給的動態性。因此，人力資本適配性的強弱高低是相對的，而非絕對的。對人力資本適配性的研究必須與現實經濟增長階段、環境和背景密切聯繫，才能得出有意義的結論。

（2）多維性

人力資本的多維性決定了人力資本適配性的多維性。首先，人力資本具有多維的表現形式，既包括勞動者所擁有的知識、技能、經驗和健康，也包括由此形成的各種有價值能力的總和；其次，人力資本具有多維的形成機制，教育、培訓、醫療保健、「邊干邊學」、遷移流動等都是主要的人力資本形成途徑；最后，

人力資本具有多維的結構，如類型結構、層級結構、區域結構、城鄉結構等。因此，在衡量人力資本與經濟增長是否「適配」的問題上，採用單一的評價標準必然有失偏頗，這也促使我們從多方面尋找人力資本與經濟增長「適配」的表現。因此，人力資本適配性帶有明顯的多維性。

（3）異質性

人力資本適配性的異質性主要是指由於人力資本在經濟增長中因人而異的特性使不同個體的人力資本適配性存在較大的差異。人力資本適配性的異質性主要是由於人力資本產出能力的差異帶來的。不同類型、不同層次、不同配置形式的人力資本邊際產出能力不同，生產效率各異，使人力資本在經濟增長中發揮作用的程度不同，由此帶來人力資本適配性的異質性。

（4）可變性

人力資本適配性的可變性是指由於人力資本在經濟增長中因時因地而異使得人力資本適配性表現出時強時弱，忽高忽低的特性。人力資本適配性的可變性一方面是由於人力資本增值或貶值而造成的，另一方面則是因時間、空間、文化、制度、社會經濟環境的變化影響到人力資本發揮而造成的。因此，即使是同一個人，其「合適的，有效的」人力資本水平也是處於不斷變化之中。正如周其仁（1996）所言：「人力資本是『主動資產』，人力資本產權有三大特徵：第一，人力資本天然歸屬個人；第二，人力資本的產權權利一旦受損，其資產可以立刻貶值或蕩然無存；第三，人力資本總是自發地尋求實現自我的市場。」因此，在這一過程中，人力資本適配性必定帶有較強的可變性。

人力資本適配性的概念和特徵表明，人力資本的內核是「合適性」和「有效性」，要正確衡量人力資本的適配性，必須緊緊把握其動態、多維、可變和異質的特性。因此，選擇恰當

的研究角度和正確的研究方法至關重要。

應當看到，人力資本適配性是人力資本的一種特質，是一個抽象的概念。因此，考察人力資本適配性的高低必須借助於對人力資本在經濟增長中的表現和發揮程度的觀察。為此，需要從與經濟增長需求「適配」的有效人力資本特徵入手探討經濟增長對人力資本適配性的要求，根據其「適配」表現確立人力資本與經濟增長的適配路徑，建立正確描述經濟增長中人力資本適配性的理論框架。

2.2 經濟增長與有效人力資本供給的互動關係

2.2.1 經濟增長的內涵與特徵

經濟增長（Economic Growth）的一般概念簡而言之，即是國民財富或社會財富的增長，用現代術語來說，即是產出的增長，它表現為國民生產總值、國內生產總值或國民收入的增長。然而經濟的持續增長必將引起社會經濟各方面的變化，具體反應在投入結構的變化、產出結構的變化、一般生活水平和收入分配狀況的變化、教育狀況的變化、健康衛生狀況的變化和環境生態狀況的變化等方面（方齊雲等，2002）。

同時，錢納里等（1995）的研究表明，經濟結構的轉變，特別是在非均衡條件下的結構轉變，能夠加速經濟增長。著名經濟學家、諾貝爾經濟學獎獲得者西蒙·庫茲涅茨（1989）考察了具有現代經濟增長[①]特徵，即人口及人均產值經歷了長期

[①] 庫茲涅茨認為「現代經濟增長」發生在18世紀中葉西歐的商人資本主義時代，而麥迪森則認為那一時期的經濟增長比庫茲涅茨表明的速度要慢，由此推斷「現代經濟增長」發生在1820年左右。

（至少50年）高速增長的多個國家經濟增長情況，認為「絕大多數經濟增長伴隨人口增長和結構的巨大變化」，並將結構轉變，包括產業結構、就業結構、分配結構等方面的變化看做現代經濟增長的重要特徵，而不僅僅是經濟總量的增長。

長期經濟增長必然伴隨結構改善和經濟運行質量的提高。因此，經濟增長應當包括兩方面的含義：①經濟增長的直接結果是產出總量的增長以及人均產出的增長；②經濟增長又是一個努力提高要素配置效率，促進經濟結構不斷優化的過程，也是經濟增長方式不斷向符合人類最大利益的方向轉變的過程。

由此可見，經濟增長是一個動態的過程，這一過程的實現有其內在的原動力，也有外在的推動力。原動力是經濟系統一種天生的自發的不斷向新的經濟增長階段邁進的力量。很多經濟增長理論的論著將人口增長和人口轉變視為這一原動力。這一進程是不可阻擋，不可逆轉的。然而應當看到，儘管長期經濟增長是一個總體趨勢，在不同的經濟社會政治環境、背景、條件下，經濟增長路徑和經濟增長模式卻大不相同。經濟體走上什麼經濟增長道路與外在的推動力密切相關。索洛和納爾森認為技術進步是經濟增長的主要推動力，羅默認為知識累積是直接推動力，盧卡斯則證明了經濟增長是由人力資本的有效累積所推動的，並提出了即使沒有人口增長也能因人力資本的累積而帶來經濟增長的著名論斷。而制度經濟學家們則認為經濟增長的最大推動力是制度創新與合適的制度供給。其代表人物諾斯認為，即使是沒有技術變化，通過制度創新也能提高生產率和實現經濟增長（盧現祥，2003）。因此，經濟增長在不同階段會表現出不同的特徵，並產生不同的人力資本需求。

2.2.2 有效人力資本促進經濟增長的作用機理

這裡的有效人力資本是指符合經濟增長需求，具有較高適

配性的人力資本。自人力資本理論創立以來，對人力資本與經濟增長之間相互促進相互制約的關係及其作用機理的探討已經非常深入，並形成了較為統一的認識。那就是人力資本的累積和培育在二者互動關係中居於主導地位，影響著經濟增長的方向和路徑。這裡我們探討具有「合適性」與「有效性」的人力資本是如何促進經濟增長的。

一方面，人力資本具有內部性，表現在直接推動生產率提高和結構的優化。另一方面，人力資本的外部性使其作用於其他生產要素，作用於影響經濟增長路徑和方向的其他推動力量，間接促進經濟增長。如前所述，學者們認為影響經濟增長方向和路徑的主要推動力是技術進步、知識累積、人力資本和制度創新。比較而言，有效人力資本是其他幾種推動力的根本和基礎。

總體來看，有效人力資本大致通過以下途徑促進經濟增長：

（1）提高勞動生產率

這是有效人力資本的重要標誌之一。是否能更快、更好地完成生產任務是有效人力資本的基本特徵，表現為單位產出的提高，如單位勞動力產出和單位勞動時間的產出。

（2）提高物質資本的產出效率

有效人力資本與物質資本有著更強的匹配性，如更熟練的生產技能可以提高物質資本的有效利用率，減少資源浪費；能夠更好地操作精密先進的設備，對機器設備進行技術改造；能夠發現更合適的工藝流程，提高資本產出等。同時，有效人力資本能夠建立和適應新的管理模式和生產組織形式，促進生產效率的提高。

（3）促進結構優化

人力資本在產業結構調整中的作用主要表現為：一是提高資源的配置效率。根據巴羅和薩拉伊·馬丁的研究（2000），總

投資/GDP 之比與以教育成就和健康為形式的初始人力資本正相關，也和真實人均 GDP 相關。而一旦人力資本的數量保持不變，其與真實人均 GDP 的關係就變得實際為零。「這些事實意味著投資/GDP 之比將隨著一國發展且增加其人力資本而趨於某種程度的上升。」因此，有效人力資本累積將會形成對物質資本的聚集效應，使人力資本與物質資本在數量和質量上都趨於和諧。二是有助於增強產業轉換彈性。產業結構調整意味著各次產業在國民經濟中份額的變化，以及勞動者在各次產業中的流動與重新配置。有效人力資本因其「合適」、「有效」的知識技能而具備較大的就業彈性和較強的產業轉換與適應能力，保證產業結構調整的順利進行。

（4）推動技術進步

李建民（1999）認為「人力資本與科學技術進步之間存在著天然的聯繫」。他明確指出，人力資本是科學與技術進步的重要源泉，是技術擴散的必要條件，也是技術應用的基礎和先決條件。因此，在知識經濟與全球化的經濟背景下，人力資本既是引進吸收和消化先進科學技術成果的中堅力量，又是自主創新、進行研究與開發的主體，更是增強技術應用效率的關鍵。有效人力資本形成與累積是持續推動技術進步、形成技術勢的生力軍。

（5）推動知識累積

知識經濟時代的生產方式發生了巨大的變革，由物質生產轉向知識生產，經濟增長比以往更加依賴於知識的累積和應用。與這一經濟形態相適應的有效人力資本是知識的直接生產者、傳承者、傳播者和應用者，在知識累積上發揮著非常重要的作用。

（6）推動制度創新

制度創新有著不同的層次和範圍，區域制度創新有助於形成區域經濟增長的有利環境，而國家層面的制度創新則可能引領社會變革。然而制度的設計、實施和變革都離不開人力資本

的支撐。有效人力資本能較快覺察新機會，主動進行制度創新，是推動制度創新的主導力量。

（7）減緩經濟波動

關於經濟波動與經濟增長的關係長期以來一直存在著爭論（周達軍，2007）。一種觀點是經濟波動產生的風險會使社會投資更多地轉向具有較高風險收益的高科技領域，代表人物是布萊克；另一種觀點認為波動對經濟增長有著明顯的負面效應，如凱恩斯和沃德弗德的觀點。然而，實證研究更為支持后者的觀點。如周達軍（2007）就證實了經濟波動對中國長期經濟增長產生了負面影響。

人力資本在減緩經濟波動，延長經濟週期上的作用主要表現在兩個方面：一是發揮要素生產作用，利用其邊際報酬遞增的特性使經濟增長得以延續，防止經濟的大起大落；另一方面，以消費為基本表現形式的人力資本生產和再生產過程有助於改善總量需求結構，從而減弱經濟波動。

2.2.3 經濟水平對人力資本適配性的限制

雖然人力資本對經濟增長有重要的促進和支撐作用，但其發揮程度卻因經濟水平的不同而不同。經濟水平對人力資本「合適性」和「有效性」的限制主要表現在對人力資本價值的制約、對人力資本形成的制約以及對人力資本配置效率的制約。

（1）經濟水平對人力資本價值的不同定義

經濟增長是一個動態的過程，在國民財富的累積過程中，經濟水平不斷提高，人力資本需求也在不斷變化。人類社會大致經歷了農業經濟時代、工業經濟時代和知識經濟時代。其中，農業經濟時代的財富增長主要依靠土地和勞動力的投入，這一時期80%的勞動力都不識字或只接受過很少的教育，勞動力技能主要是農業生產技能，其人力資本形成主要依靠經驗的傳承。

進入工業經濟時代，機器大生產和勞動分工對勞動力的專項生產技能與熟練程度提出了新的要求，系統的教育培訓在勞動能力形成中逐漸發揮著重要作用。隨著知識經濟時代的來臨，知識型生產方式與知識型產業比重的迅速提高對勞動力的知識累積與創新能力提出了更高的要求。

由此可見，不同經濟增長階段由於其生產方式和增長路徑的差異表現為不同的經濟水平，由此對人力資本產生了差異化的需求。與特定經濟增長階段生產方式相適應的人力資本價值高，創造價值的能力也更強。

（2）經濟水平對人力資本形成的制約

人力資本理論認為，人力資本大致有四種形成途徑：一是教育，用於提高認知能力以持續增強學習能力；二是「干中學」，以獲得技能，並進行知識累積；三是健康，通過改善健康和營養狀況獲得更強的工作能力；四是遷移，通過人力資本合理流動改善人力資本狀況。在人力資本的形成過程中，人力資本投資起著非常關鍵的作用。

經濟水平對人力資本形成的影響主要體現在對人力資本投資的收入約束。根據馬斯洛的需求層次理論，人們首先滿足較低層次的物質需要，而后才是精神需要。因此，對人力資本投資是建立在物質需要得到基本滿足的前提之下的。在人力資本累積過程中，人力資本投資水平通常隨著國民財富的增加而逐漸提高，人力資本投資結構也隨之改善。當經濟實力處於較低水平時，人力資本投資主要由政府承擔，用於滿足公共教育培訓與醫療保健的需要，人力資本投資占 GDP 比重通常較低。隨著經濟實力的逐漸增強，私人開始重視人力資本投資，教育型消費活動不斷增長，社會投入比例也逐步提高。當經濟實力處於較高水平時，財政性教育經費占 GDP 比重基本穩定，而私人人力資本投資則不斷提高。

（3）經濟水平對人力資本配置的制約

一般來講，人力資本水平越高，彈性越大，配置效率越高。所謂人力資本配置，就是在制度創新的基礎上，促進人力資本充分流動，實現區域、產業、行業、職位的最優配置，使人力資本價值最大化。然而在不同的經濟增長階段和經濟水平下人力資本的流動和配置彈性有著很大的差別，不同層級的人力資本也有著不同的流動和配置彈性。

在經濟水平較低階段，主要是採取資源型生產方式和資本推動型生產方式，幾乎不考慮人力資本配置問題。勞動力的流動和配置處於自發形成狀態，人力資本彈性提升速度慢。較低的人力資本彈性使制度創新和結構轉換困難重重，經濟增長容易出現反覆，波動性較強。隨著經濟增長階段的演進和經濟水平的逐漸提高，知識型生產方式對人力資本向知識型產業轉換和配置提出了更高的要求。這迫使人們認真考察人力資本的合適性與有效性，並對其配置彈性加強主動引導和培養。

以上分析表明，經濟增長的演進過程對人力資本價值、人力資本形成以及人力資本配置效率不斷產生新的需求，對人力資本的「合適性」和「有效性」提出新的要求。只有適應經濟增長需求的，能夠充分發揮出來的人力資本才能真正起到促進經濟總量增長，結構優化，適應與推動制度變革的作用。

2.3 與經濟增長「適配」的有效人力資本特徵

從有效人力資本推動經濟增長的路徑和方式可以看出，經濟增長對有效人力資本的要求主要表現在：①較高的產出能力，包括直接產出能力和因推動技術進步、結構轉變、知識累積等帶來

的間接產出能力；②較強的人力資本配置能力，表現為勞動力在產業間轉換和在區域間流動的能力；③與經濟增長外在環境的適應能力，重點表現為與制度變遷過程的適應能力。由此形成有效人力資本的基本特徵，即與經濟增長中對產出需求的「適配」，結構轉換需求的「適配」和制度變遷需求的「適配」。

2.3.1 經濟增長中的人力資本與產出需求「適配」

根據內生經濟增長理論，人力資本對經濟增長的貢獻來源於兩個方面，一是作為生產要素的直接貢獻，二是人力資本作用於其他經濟增長要素而帶來對經濟增長的間接貢獻。因此，人力資本對經濟增長的產出「適配」相應地也包括兩層含義，即勞動力的直接產出以及勞動力與其他經濟增長要素相結合帶來的間接產出。

與轉變經濟增長方式相適應的較高的直接產出能力代表著較高的勞動生產率和較低的資源消耗水平。

因人力資本外部性而帶來的產出「適配」則主要表現在勞動力的資本聚集能力和知識累積與創新能力上。

（1）與有形的物質資本相配合，表現為人力資本對物質資本的聚集能力

事實上，除了勞動力投入和物質資本以外，影響經濟增長的要素還有技術進步，但技術進步對經濟增長的影響是通過改善物質資本質量，提高產出效率，改變生產技術關係來實現的。這一影響機制和過程暗含在物質資本對經濟增長的貢獻中，難以直接觀察。因此，借鑑阿羅、羅默知識累積模型的基本思想，通過資本品的累積間接觀察技術進步和知識累積進展。具有較高人力資本的勞動力能夠動員和使用更多的資源和資本，能夠更快地學習新技術，更熟練地使用新工具，與物質資本的結合更加緊密，並能在一定程度上降低投資風險。此外，由於經濟

全球化的影響，發達地區先進的技術和管理經驗通過資本與貿易渠道向欠發達地區擴散。自從 MacDougall（1960）第一次明確提出了 FDI 的溢出效應以後，大量實證研究表明，FDI 有助於國際技術擴散與轉移。但進一步的研究表明，這種技術擴散對東道國的經濟增長要起到積極的作用要求東道國具有足夠的人力資本，即最低的人力資本要求。Borensztein 研究了 OECD 國家流向 69 個發展中國家的 FDI 數據，Aitken 和 Harrison 以委內瑞拉為例研究了其國內企業產出與 FDI 之間的數量關係（劉晶，2008）。他們的研究表明只有具有較高人力資本的欠發達地區才能夠有效吸收和消化先進技術，承接國際分工，從而吸引更多的外商直接投資。因此，人力資本對物質資本的聚集效應主要表現在對內資的聚集和對外資的吸引上。

（2）與知識累積和技術進步的需要相配合

知識經濟時代的生產方式較工業社會有了巨大的變化。技術進步使得大量新材料、新產品和新技術得到廣泛應用，信息化、網絡化使得生產邊界不斷延伸，不斷提高生產效率。因此，誰掌握了更多的新技術，誰擁有更雄厚的人力資本基礎，誰就能夠獲得長期持續的發展能力，能夠獲得更多的國民財富和更高的生活水平。

知識累積和技術創新表現為一國或地區知識存量的累積、技術水平的不斷提高、新產品新技術的不斷出現以及信息化水平的不斷提高。它要求勞動者具備相應的知識累積與技術創新的能力和水平，並且能夠通過知識累積與技術創新為區域經濟增長帶來顯著效益，則為勞動力所擁有的人力資本與知識累積和技術創新需求「適配」。

綜上所述，如果某地區勞動力具有較高的勞動生產率，能夠有效吸引國內資本和海外資本，並能有效利用新知識新技術進行創新生產活動則說明該地區勞動力所具有的人力資本在產出能力

上與知識經濟時代的經濟增長需求是相適應的，即產出「適配」。

2.3.2 經濟增長中的人力資本與結構轉換需求「適配」

結構主義經濟學家們曾經深刻闡述過經濟增長中的結構轉變規律，如錢納里和塞爾奎因的「標準結構」以及庫茲涅茨在長期統計資料的基礎上利用跨國模型總結出的結構轉變規律。這一規律表明隨著人均收入水平的提高，人類經濟社會運動的軌跡遵循著由農業經濟—工業經濟—發達經濟的演變規律。

中國現代化戰略研究課題組和中國科學院中國現代化研究中心（2006）將經濟現代化進程的時間表劃分為四個區間，包括原始經濟、農業經濟、工業經濟和知識經濟四種經濟形態，又將每一種經濟形態進一步劃分為起步、發展、成熟和過渡四個時期，各個時期和時代前後承接，展現出完整的社會變遷規律。其中，農業經濟時代的主要特徵表現為農業化進程，其成熟階段農業比重超過90%，而后向工業經濟時代過渡。工業經濟的主要特徵表現為工業化和非農業化，到成熟工業經濟時期工業比重超過50%，農業比重下降到20%，並逐漸過渡到知識經濟時代。知識經濟的主要表現是知識化和非工業化，即知識產業比重超過60%，而工業則降到20%。這四種經濟形態的推動力量各不相同，其中農業經濟時代是由農業生產推動，工業經濟時代由工業化進程推動，而知識經濟時代則是以知識和技術來推動。每一次經濟形態的轉變都是由一種革命性的力量來引領和推動的。如農業革命是因為農耕工具的出現，而工業革命則始於機器化大生產。由此可見，當一種經濟形態中新時期出現或是一種經濟形態開始向另一種經濟形態過渡時，經濟體系中開始出現新技術、新產品和新產業，由此帶來產業結構和就業結構的迅速調整。

庫茲涅茨將產業結構調整視為經濟增長中結構變化的起點，

由此帶來的就業結構變化則反應了人力資本配置的一般規律。配第—克拉克定律大致給出了就業結構的一般變化規律：即隨著國民收入水平的提高，勞動力首先由第一產業向第二產業轉移，當人均收入水平進一步提高時，勞動力便大量地向第三產業轉移。三次產業中，農業勞動力在全部勞動力中的比重始終處於不斷下降之中，而工業部門的勞動力比重則是大體不變或略有上升；服務業的勞動力相對比重則會出現明顯上升的趨勢。產生這種變化的根本原因是勞動力為適應結構轉變實現其人力資本價值而進行的流動和配置。

毋庸置疑，經濟轉型和結構巨變使不符合需求的人力資本貶值，符合需求的人力資本增值，人力資本供給與需求關係的變化必然引發人力資本在產業間的重新配置。此外，當某一個地區人力資本價格低於其人力資本內在價值時，人力資本將通過跨區流動促進人力資本升值。因此，考察人力資本對結構轉換的適配能力需要觀察具有特定人力資本的勞動者在產業間、部門間和地區間流動與重新配置的能力。如果某地區的勞動力能夠適應產業結構或區域配置的要求進行跨產業和跨地區的流動，並促進人力資本價值提升，說明勞動力所具有的人力資本與經濟增長結構轉換的要求「適配」。

2.3.3 經濟增長中的人力資本與制度變遷需求「適配」

1973年發表的經濟史學著作《西方世界的興起》改變了以往人們在技術革新中尋找經濟增長原因的傳統，開創了用制度變遷解釋經濟增長的先河（何東霞和何一鳴，2006）。制度經濟學家們認為良好的制度環境有助於確定交易主體之間的相互關係，降低交易費用，減少不確定性，從而提高交易收益。制度創新的本質是生產關係的調整，有效的制度能夠促進經濟增長，而不利的制度必將阻礙經濟增長。

以中國的制度變遷為例。自黨的十一屆三中全會以來，中國邁出了改革開放的步伐，逐步確立了建立和完善社會主義市場經濟體制的改革目標，使價格信號逐漸成為引導資源配置的主要信號，由此出現了快速市場化進程。儘管在市場化早期由於市場秩序不完善而使得價格信號常常扭曲和失真，但市場化的趨勢仍然很快。與資源配置方式的市場化相適應，中國的宏觀經濟體制和宏觀調控機制也發生了深刻的變化，在金融體制、投資體制、財稅體制、外貿體制、國有企業改革以及近年來的教育體制、醫療衛生體制、住房制度、社會保障制度改革等方面取得了重大的成績，建立起中國市場經濟的基本框架並不斷完善和深化。而中國自2001年12月11日正式加入世界貿易組織以后，對外開放的步伐進一步加快，與世界經濟聯繫更加緊密，承接國際分工並參與國際競爭。

因此，在中國30多年改革開放進程中，制度變遷主要表現為市場化和對外開放的不斷深化，具體表現在所有制結構的變化、要素市場的建立和完善、國有企業改革脫困、民營經濟的興起和發展、外商直接投資的增長以及對外經濟貿易聯繫的日益加強。在這一過程中，由於勞動者一時難以適應快速的市場化和對外開放的要求，城鎮登記失業率逐漸攀高，「下崗」、「失業」、「再就業」一時成為大家關注的中心。隨著職業教育體制與勞動力市場的建立和完善，加上政府政策的傾斜與支持，人力資本配置失衡得到改善，失業率趨於降低，勞動者收入水平得到顯著提高。

因此，人力資本與制度變遷要求相適應主要表現為在非國有經濟得到大發展、外貿依存度日益提高的時代，人力資本如何進行有效配置和價值增值。如果一個地區的市場化程度和對外開放程度越高，勞動者的就業能力和收入水平越高，則視為勞動者所擁有的人力資本與制度變遷的要求相適應，即人力資

本與制度變遷需求「適配」。

2.4　經濟增長中人力資本適配性的表現

　　人力資本是內含於勞動者的各項能力，沒有實物形態，要適應經濟增長要求，達到高度「適配」必須依靠勞動力的有效配置來實現。人力資本各項能力的取得與發揮主要基於勞動者對經濟增長中市場機會的感知，依據市場需求調節人力資本供給，努力實現就業並獲取勞動報酬。由於不同個體對市場機會的認知和敏感程度不同，對市場環境和各種變化的適應能力不同，採取的應對措施不同，使得人力資本的適配性表現出異質和可變的特性。只有把握這種「異質性」和「可變性」才能正確衡量有效人力資本支撐經濟增長的程度，即人力資本與經濟增長的適配程度。

　　因此，考察人力資本與經濟增長需求是否「適配」，應當重點觀察勞動者在產出增長、結構轉換以及制度變遷過程中的適應能力。為此，將人力資本與經濟增長需求「適配」的具體表現概括為以下四個方面：

　　（1）較高的勞動生產率。這是高水平人力資本的基本要求，也是人力資本的基礎型能力，即勞動者有著較強的工作能力。

　　（2）較強的就業能力。較強的就業能力意味著勞動者能夠盡快適應產業結構調整、區域配置需求和制度變遷的需要。從總體上表現為較低的失業率或失業率的快速下降，從產業結構上表現為就業結構與產業結構差距逐漸縮小，從區域配置上看表現為勞動力跨省就業規模擴大，從制度變遷上表現為非國有經濟和外向型經濟對勞動力的吸納。

（3）較強的流動能力。人力資本的有效配置需要通過流動來實現，因此，需要觀察勞動力在產業間、區域間、城鄉間的流動規模和流動效率，以評判其人力資本水平。

（4）較高的勞動報酬。獲取較高的勞動報酬是人力資本配置的自發動因，也是人力資本升值的重要表現。勞動報酬代表著人力資本的市場價值，能夠獲取較高勞動報酬的人通常是因為更快地感知了市場需求並順應了這一需求，因此，應當將是否具有較高的勞動報酬作為衡量人力資本與經濟增長需求是否「適配」的重要標誌之一。

2.5　人力資本與經濟增長的適配路徑

根據經濟增長對人力資本適配性的基本要求和人力資本在經濟增長中的適配性表現，構建人力資本與經濟增長的適配路徑，如圖2-1所示：

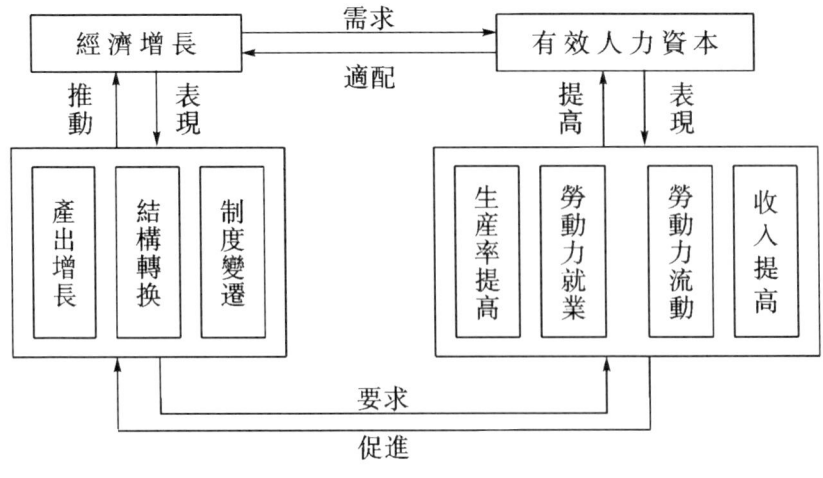

圖2-1　人力資本與經濟增長適配路徑

這一適配路徑充分反應了有效人力資本與經濟增長之間的雙向互動關係。內環路徑的起點是經濟增長，表明經濟增長對有效人力資本的需求，並將有效人力資本的特徵顯性化為生產率提高、就業能力增強、流動能力增強和勞動報酬的提高。而外環路徑的起點是有效人力資本，通過其適配性表現推動和促進經濟增長。

　　本書所關注和研究的是內環路徑。即研究經濟增長對人力資本「合適性」和「有效性」的要求，在此基礎上探索以有效人力資本供給為核心的人力資本適配性培養模式。

　　鑒於本書以中國經濟增長中的人力資本適配性為研究對象，為實證研究的需要，首先需要對中國人力資本適配性進行量化。為此，依據人力資本與經濟增長的適配路徑，構造人力資本適配度指數衡量其適配性的高低，並詳細討論人力資本適配性與經濟增長的關係，從而對中國經濟增長中人力資本所發揮的作用做出基本判斷。

第三章
中國經濟增長中的
人力資本適配度指數

本章基於人力資本適配性的研究框架對中國經濟增長過程中人力資本所表現出的適配程度進行分析。為此，首先從人力資本與經濟增長的適配路徑出發，構造反應人力資本「多維性」、「可變性」和「異質性」的人力資本適配度指數，對其適配程度進行描述。

3.1 人力資本與經濟增長適配度指標體系

根據人力資本與經濟增長的適配路徑，在人力資本適配度一級指標下構造人力資本的產出適配能力、結構轉換適配能力和制度變遷適能力三個二級指標。鑒於人力資本適配性與經濟增長背景的密切聯繫，本書結合知識經濟和全球化背景下對人力資本的要求以及中國經濟增長中的特殊情況，將各級指標進一步具體化。

中國人力資本與經濟增長適配度綜合評價指標體系的基本框架如圖3-1所示。本框架列出了一至三層指標，其中人力資本與經濟增長總體適配度為一級指標，下設三個二級指標、七個三級指標來衡量當前中國人力資本適應經濟增長要求的能力。

知識經濟與全球化的演進要求中國加快轉變經濟增長方式，對中國勞動力技能水平與知識累積和技術外溢條件下經濟增長對人力資本需求之間的匹配能力提出了更高的要求。為此，在指標體系構建中首先充分考慮了知識經濟對人力資本的需求。另外，鑒於中國經濟增長的資本推動特徵，加入了人力資本的資本聚集能力作為其產出適配的表現之一。考慮中國結構轉換的現狀，描述了勞動力在產業間及城鄉、區域配置上適配性的表現。而中國自1978年改革開放以來，市場化改革的不斷深化

```
                    人力資本與經濟增長總體適配度
                              │
        ┌─────────────────────┼─────────────────────┐
     產出適配能力          結構轉換適配能力        制度變遷適配能力
    ┌────┼────┐           ┌─────┴─────┐           ┌─────┴─────┐
   直   資   知           產業        區域        對外        市
   接   本   識           結構        配置        開放        場
   產   聚   積            轉                                化
   出   集   累            換
            創
            新
```

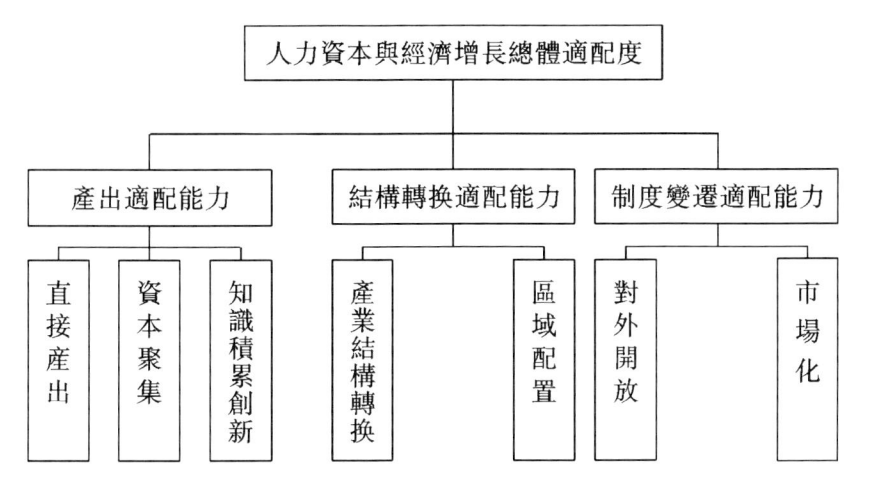

图 3-1　中國人力資本與經濟增長適配度綜合評價指標體系基本框架

和對外開放力度的加大極大地改變了經濟增長的環境和軌跡，對中國人力資本適配性影響至深。為此，選擇以市場化和對外開放作為中國制度變遷的主要內容，並從這兩個方面選擇反應人力資本適配性的指標。

因此，從指標體系的構成上看，產出適配能力下設三個三級指標，用以反應人力資本的直接產出能力、資本聚集能力和知識累積創新能力，並選擇了 11 個四級指標來反應人力資本的產出能力；結構轉換適配能力同時反應人力資本在產業間的轉換和區域間的流動配置，為此設置兩個三級指標，即產業結構轉換適配能力和區域配置能力，並利用 12 個四級指標來反應人力資本的結構轉換適配能力；制度變遷適配能力主要反應在對外開放和市場化進程中人力資本的適應能力，同樣設置兩個三級指標，即人力資本對外開放適配能力和市場化適配能力，並選取了 10 個四級指標來反應人力資本的制度變遷適配能力。

這一框架基本描述了人力資本在經濟增長中的要素功能、外部性、因流動配置和區位制度差異而產生的人力資本異質性。然而一至三層指標都是綜合指數，只有四級指標直接反應人力

資本在經濟增長中的表現。因此，要保證這一評價指標體系的科學性和合理性，四級指標的選取和設計至關重要。

為保證各層指數的合理性，規定四級指標的設計原則如下：

（1）指標內容吻合。根據以勞動者作為人力資本直接載體的基本思想，注重從勞動者的產出能力、就業與失業表現和獲取報酬的能力方面設置指標。

（2）指標形式恰當。為便於橫向比較，綜合考慮總量指標、相對指標和平均指標的特點選擇恰當的指標形式。

（3）指標數據可得。在指標選擇和計算中，要充分考慮現實統計資料的可得性，以免影響評價效果。

（4）指標口徑一致。大量指標需進行橫向和縱向比較，要求指標具有可比性。

根據以上原則，最終選擇和計算了33個四級指標，由此構建了中國經濟增長中的人力資本適配度指標體系。

3.2 指標構成與含義

3.2.1 人力資本的產出適配能力指標

（1）直接產出能力指標

直接產出能力表徵勞動者利用自身人力資本創造價值的能力，為了剔除地區間勞動力人數不同帶來的產出差異，用勞均產出來衡量人力資本的直接產出能力。此外，人力資本具有效率生產的功能，在創造價值的同時能夠提高生產效益，改變生產方式。因此，選擇能源消耗系數來衡量人力資本產出能力的差異。

①勞均產出

該指標是反應經濟體勞動力在一定時期內所創造的價值，

其值越大，說明該經濟體勞動力創造價值的能力越強，相應地人力資本價值就越高。其計算公式為：

$$勞均\,GDP = \frac{GDP\,總量}{就業人員總量}$$

②能源消耗系數

能源消耗系數指創造每單位 GDP 所消耗的能源量（用噸標準煤來表示），該指標表明為了實現產出所付出的代價。內生經濟增長理論認為人力資本不僅具有要素生產功能，而且具有效率生產功能，通過科技創新活動能夠有效改變生產技術關係，提高產出效益，因此我們觀察能源消耗系數的情況對人力資本產出的效益進行評估。其計算公式為：

$$能源消耗系數 = \frac{能源消耗總量}{地區\,GDP\,總量}$$

（2）資本聚集能力指標

人力資本適配性強的地區一般具有較高的資本聚集能力，尤其是外商直接投資對地區初始人力資本水平有著較高的要求。如果人力資本水平較高，則外商直接投資對當地經濟會帶來顯著的效益。因此採用勞動力與資本形成總額和 FDI 的關係來表現人力資本的資本聚集能力。

①勞均資本形成總額

該指標用以反應單位人力資本所擁有的資本形成總額，即人力資本對資本的聚集作用。其計算公式為：

$$勞均資本形成總額 = \frac{資本形成總額}{就業人數}$$

②勞均 FDI

該指標用以反應人力資本吸引外商直接投資的能力，即人力資本對 FDI 的聚集作用。其計算公式為：

$$勞均\,FDI = \frac{FDI\,總額}{就業人數}$$

③1% 資本形成年均產出增長

該指標用以反應地區資本聚集所帶來的產出增長,即資本形成總額每增長1%帶來 GDP 的年均增長額。其計算公式為:

$$\frac{1\%\text{資本形成}}{\text{年均產出增長}} = \frac{\text{GDP 年均增長額}}{\text{資本形成總額年均增長率} \times 100}$$

其中:

$$\frac{\text{資本形成總額}}{\text{年均增長率}} = \sqrt[n]{\frac{\text{報告期資本形成總額}}{\text{基期資本形成總額}}} - 1$$

④1% FDI 年均產出增長

該指標用於反應地區 FDI 增長帶來的產出增長,用每1%的 FDI 增長所帶來的年均 GDP 增長進行計算。其計算公式為:

$$1\%\text{ FDI 年均產出增長} = \frac{\text{GDP 年均增長額}}{\text{FDI 年均增長率} \times 100}$$

(3) 知識累積與創新產出能力指標

人力資本的知識累積能力主要表現在勞動力的科技活動能力、高新技術產業發展以及新產品產出能力上。因此,我們用地區就業人員中工程師和技術人員的比例、地區擁有的發明專利數、勞均專利授權數、勞均新產品銷售收入和勞均高新技術產業產值來衡量勞動力的技術創新能力。其中地區擁有的發明專利數直接採用《2008 年中國科技統計年鑒》數據,其他四個指標的計算公式如下:

$$\frac{\text{每萬名就業人員中}}{\text{工程師和技術人員數}} = \frac{\text{工程師和技術人員數}}{\text{就業人員總數}}$$

$$\text{勞均專利授權數} = \frac{\text{專利授權數}}{\text{就業人員數}}$$

$$\text{勞均新產品銷售收入} = \frac{\text{新產品銷售收入}}{\text{高技術產業從業人員數}}$$

$$\text{勞均高新技術產值} = \frac{\text{高新技術產業增加值}}{\text{高新技術產業就業人員總數}}$$

3.2.2 人力資本的結構轉換適配能力指標

(1) 產業結構轉換適配能力指標

根據知識經濟的特徵和要求,從由於產業結構升級帶來的就業轉換、產業結構與就業結構錯位度以及勞動力通過產業間的轉換配置是否帶來更高效益這三個方面來選取評價指標。

①第三產業每萬元增加值就業人數增長

該指標主要反應第三產業發展所帶來的就業增長,以衡量在產業結構升級的過程中,人力資本從第一、二產業向第三產業配置的速度和力度。該指標值越大,說明產業結構變化引致勞動力流動的趨勢越明顯,從而說明勞動力所擁有的人力資本在產業結構轉換中具有更強的適應能力。其計算公式為:

$$\text{第三產業每萬元增加值就業人數增長} = \frac{\text{第三產業就業人數增長}}{\text{第三產業增加值增長}}$$

②高技術產業每億元增加值就業人數增長

該指標也是用於反應產業結構升級轉換中高技術產業發展帶來的就業增長,說明勞動力所擁有的人力資本的高級程度。該指標越大,說明勞動力向高技術產業流動的能力越強,其人力資本層次越高。其計算公式為:

$$\text{高技術產業每億元增加值就業人數增長} = \frac{\text{高技術產業就業增長}}{\text{高技術產業增加值增長}}$$

③產業結構高度適配比

該指標用於反應產業結構高度與就業結構高度的配合關係,說明在產業結構不斷優化升級中就業結構的優化程度。其中產業結構高度和就業結構高度均是以同時期發達國家產業結構和就業結構作為對比基準,用中國各地區第三產業產值比重及就業比重與發達國家相比得來,該指標越接近於1則說明與發達國家第三產業結構比重相似程度越大。

$$產業結構高度適配比 = \frac{就業結構高度}{產業結構高度}$$

④產業結構錯位度

產業結構錯位度是通過比較三次產業增加值比重與三次產業就業比重的差距來衡量產業結構轉換與就業結構變化之間的關係。這裡採用絕對距離對三次產業結構錯位幅度進行計算。其計算公式為：

$$產業結構錯位度 = \sum_{i=1}^{3} |AV_i - EP_i|$$

其中，AV 表示各次產業增加值比重，EP 表示各次產業就業比重。

⑤第三產業貢獻率

第三產業貢獻率是第三產業增加值增長與 GDP 增長之比，反應在 GDP 增長中第三產業所占的比重。其計算公式為：

$$第三產業貢獻率 = \frac{第三產業增加值增長}{GDP 增長} \times 100\%$$

⑥高技術產業貢獻率

高技術產業貢獻率是高技術產業增加值增長與 GDP 增長之比，反應高技術產業的發展水平。其計算公式為：

$$高技術產業貢獻率 = \frac{高技術產業增加值增長}{GDP 增長} \times 100\%$$

⑦城鎮單位第三產業勞均報酬

該指標用於反應就業轉換后人力資本價值是否得到有效提升。我們認為就業人員獲取的勞動報酬取決於其人力資本的適應能力，如果勞動者所擁有的人力資本是符合市場需要的，並且在配置過程中不存在信息和體制障礙的話，勞動報酬可以視同為人力資本的市場價格，從而間接反應人力資本的價值。考慮到就業結構轉換的主要方向是流向第三產業，因此，我們用城鎮單位第三產業勞均報酬來衡量勞動者在產業間流動是否帶

來人力資本價值增值。

$$\frac{城鎮單位第三產業}{勞均報酬} = \frac{城鎮單位第三產業就業人員報酬}{城鎮單位第三產業就業人數}$$

（2）區域配置能力指標

與產業結構轉換適配能力指標相似，本書也設置了人力資本在區域間流動和配置的狀態及效果指標來全面反應人力資本的區域流動適配能力。同時，本書還考慮了區域流動的方向，即城鄉流動和區際流動。根據本書的研究目的，為簡化分析，我們忽略了區內流動和國際流動。

①勞動力淨流入率

一個地區如果發生勞動力的淨流入，則意味著該地區人力資本存量的增加。因此，我們選用了地區的勞動力淨流入率作為反應人力資本區域流動能力的指標。其計算公式如下：

$$勞動力淨流入率 = \frac{地區勞動力淨流入量}{該地區就業人口總數} \times 100\%$$

②城市就業指數

城市就業指數是在「馬爾薩斯指數」（m）（李玲，2003）的基礎上修改而來的。

馬爾薩斯指數是農業勞動力增長速度與勞動力總量增長速度之比，其值越大說明一國或地區的勞動力非農化速度越低，人力資本提升的速度也越慢。如果 m ＜ 1，則說明勞動力總量的增長速度超過了農業勞動力增長速度，該經濟就避開了「馬爾薩斯陷阱」；反之，則說明非農產業未能有效吸收農村勞動力，該經濟將陷入「馬爾薩斯陷阱」。

由於本研究是要反應城市對農村勞動力的吸納能力，因此對馬爾薩斯指數進行了修改，用1978—2007年30年間城市就業年均增長速度與勞動力就業總量增長速度相比，命名為「城市就業指數」。該指標值大於1則說明城市就業增長速度超過了勞動力總量的增長速度，勞動力由鄉村向城市流動的速度越快，

其值越大，城市對農村勞動力的吸納能力越強。

$$城市就業指數 = \frac{城市就業人員年均增長速度}{勞動力總量年均增長速度}$$

前面已經提到，人力資本在產業和地區間的重新配置不僅表現在其流動和配置情況，還應重點考察人力資本流動和配置的效果。如果人力資本流動無益於經濟總量的增長和結構優化，這樣的人力資本流動是無效的，更談不上與經濟增長的「適配」了。因此，引入了以下三個指標反應人力資本配置的效果：

③城鎮登記失業率：直接採用《2008年中國統計年鑒》所公布的各地區城鎮登記失業率數據。

$$④勞動力淨流入產出率 = \frac{GDP 增量}{勞動力淨流入量}$$

$$⑤地區勞均報酬 = \frac{就業人員勞動報酬總額}{就業人數}$$

3.2.3 人力資本的制度變遷適配能力指標

中國制度變遷主要體現在市場化與對外開放進程中，因此，分別從人力資本在這兩方面的適配能力進行描述。

(1) 人力資本對外開放適配能力指標

考慮用外貿依存度、勞均進出口總值、港澳臺外資企業職工人數比重和FDI就業彈性四個指標綜合考察人力資本在對外開放中的適配能力。選擇這些指標的目的有三個，一是要區分地區對外開放的程度，二是要明確勞動力在對外開放中創造價值的能力，三是要尋求在外向型經濟中人力資本適應需求積極配置，順利就業的能力。

①外貿依存度

一個國家或地區的進口和出口貿易總額在其國內生產總值（GDP）中所占的比重被稱為該國（地區）的外貿依存度。外貿依存度反應了一個國家或地區經濟對外貿的依賴程度和參與國

際分工的程度，折射出其經濟發展戰略的許多構成要素，並對其國際關係產生重要的影響。其基本公式為：

$$外貿依存度 = \frac{進出口總額}{GDP} \times 100\%$$

②勞均進出口總值

$$勞均進出口總值 = \frac{進出口總值}{就業人數}$$

該指標便於對進出口規模進行橫向比較，也間接說明地區就業人員承接國際分工的能力。

③港澳臺外資企業職工人數比重

該指標是在港澳臺以及外資企業的職工人數占職工總人數的比重，反應一個地區勞動力在外資企業中從業的能力，間接說明勞動力的國際化素質。

$$\begin{matrix}港澳臺及外資企業\\職工人數比重\end{matrix} = \frac{港澳臺外資企業職工人數}{職工總人數} \times 100\%$$

④FDI 就業彈性

這一指標用於衡量地區人力資本是否適應當地 FDI 流入所帶來的技術進步和管理創新。由於 FDI 特別強調與東道國的人力資本相匹配，根據人力資本適配性的表現，用地區 FDI 流入是否帶來當地就業的顯著提升來說明人力資本對 FDI 所帶來的技術進步的適應能力。其值越大，說明 FDI 越能顯著帶來就業增長，則勞動力所擁有的人力資本越能適應對外開放環境。

$$FDI 就業彈性 = \frac{就業年均增長率}{FDI 年均增長率} \times 100\%$$

（2）人力資本市場化適配能力指標

在比較國內已有研究成果的基礎上，借鑑盧中原和胡鞍鋼（1993）所提出的「投資市場化、價格市場化、工業生產市場化和商業市場化」的觀點，根據研究目的和現實情況加入了分配市場化和勞動報酬市場化因素，選擇了非國有單位就業比、非

國有投資及就業彈性、非國有勞動報酬比重以及非國有工業發展帶來的就業增長等指標來反應人力資本在市場化進程中的適應能力。

①私營與國有企業就業人員比

該指標為私營企業及個體就業人員與國有及國有控股企業就業人員之比。該比值越大說明地區私營企業經濟越發達，人力資本的市場化適應能力越強。

$$\text{私營與國有企業就業人員比} = \frac{\text{私營及個體就業人員數}}{\text{國有及國有控股企業就業人員數}}$$

②勞均市場化收入

用勞均市場化收入反應經濟利益分配的市場化水平，其中市場化收入是用當年 GDP 減去國家財政收入的余額。

$$\text{勞均市場化收入} = \frac{\text{GDP} - \text{財政收入}}{\text{就業人數}}$$

③勞均非國有投資

該指標用於反應投資市場化的一般水平。

$$\text{勞均非國有投資} = \frac{\text{全社會固定資產投資總額} - \text{國有單位固定資產投資}}{\text{就業人數}}$$

④非國有投資就業彈性

該指標用於說明非國有投資是否有效促進就業增。其值越大說明非國有投資帶來的就業增長越快，也說明人力資本對市場化進程的適應能力越強。

$$\text{非國有投資就業彈性} = \frac{\text{就業人數年均增長率}}{\text{非國有投資年均增長率}} \times 100\%$$

⑤非國有勞動報酬比重

根據按登記單位性質分類的勞動報酬統計資料，可計算出非國有勞動報酬比重。該指標用於反應地區非國有就業人員獲取勞動報酬的份額，從整體上說明非國有就業人員獲取勞動報

酬的能力。

$$\frac{\text{非國有勞動}}{\text{報酬比重}} = \frac{\text{勞動報酬總額} - \text{國有勞動報酬總額}}{\text{勞動報酬總額}} \times 100\%$$

⑥每億元私營企業工業增加值就業人數

工業生產的市場化被視為反應市場化程度的重要標誌，因此，選擇私營工業企業的工業增加值所對應的就業水平來反應地區市場化程度對就業的影響。該指標值越大，說明勞動者所擁有的人力資本越能適應市場化生產的需要。

$$\frac{\text{每億元私營企業}}{\text{工業增加值就業人數}} = \frac{\text{私營企業年末就業人數}}{\text{私營企業工業增加值}}$$

3.3 指標計算與數據處理

原始數據取自中國國家統計局網站《2008年中國統計年鑒》網絡版、《2008年中國科技統計年鑒》光盤版、《2008年中國高技術產業統計年鑒》光盤版以及《新中國五十五年統計資料匯編》。根據研究目標對中國30個省市自治區和直轄市的評價指標進計算，對數據作了如下處理：

首先，考慮到西藏尚不具備現代經濟增長特徵，不符合本書的研究需要。為避免出現大的偏差，剔除了西藏的數據。

其次，為反應人力資本在產出增長、資本聚集、知識創新、產業結構轉換、區域流動以及對外開放和市場化等多方面的靈活性和適應能力，大量指標涉及增長量和增長率的計算。計算增長量和增長率的基本公式為：

增長量 = 報告期水平 - 基期水平

$$\text{增長率} = \sqrt[n]{\frac{\text{報告期水平}}{\text{基期水平}}} - 1$$

通過計算指標在較長時間跨度的增長情況反應各地區長期以來經濟增長與勞動力配置的基本情況，有助於消除因經濟政策宏觀環境帶來的短期波動對評價結果的影響。然而由於統計資料的不完整性，難以確定統一的基期，為此，根據各指標數據的可得性選擇基期水平。在實際計算中，除重慶外，對其他省份的 GDP、產業結構、資本形成總額、第三產業增加值、勞動力淨流入、就業的產業分佈及城鄉分佈指標計算增長量或增長率指標均是以 1978 年為對比基期，外商直接投資（FDI）則是以 1987 年為對比基期，非國有投資是以 1985 年為對比基期，而高技術產值增長則是以 2000 年為基期。

最后，因歷史和政策原因，重慶市 1996 年以前的數據缺失嚴重，現有研究多是將重慶並入四川進行處理。但考慮到重慶市是西部唯一的直轄市，儘管直轄時間較短，已經表現出不可忽視的經濟增長和發展潛力。因此，仍然對重慶計算了人力資本適配度，只是在計算增長速度或增長量時，都是以 1996 年作為基期。

在此基礎上，根據 33 個評價指標的計算公式得到指標體系的原始數據，如表 3-1、表 3-2、表 3-3 所示。因指標較多，為便於顯示和進一步計算處理，我們按三個一級指標，即產出適配、結構轉換適配和制度變遷適配分別給出 33 個評價指標的原始數據。

表3－1　人力資本與經濟增長適配指標體系之———產出適配指標

地區	勞均GDP 萬元	能源消耗系數 噸標準煤/萬元	勞均資本形成總額 萬元/人	勞均FDI 美元/人	1%資本形成年均產出增長 億元	1%FDI年均產出增長 億元	每萬名就業人員中工程師和技術人員人數 人	地區擁有發明專利數 項	勞均專利授權數 項	勞均新產品銷售收入 萬元/人	勞均高新技術產值 億元
北京	8.42	0.71	4.10	0.79	17.11	11.20	291.96	2,383	13.45	61.88	2.75
天津	11.67	1.02	6.75	1.92	9.75	5.52	178.79	274	12.90	45.17	3.79
河北	3.84	1.84	1.90	0.08	26.86	13.01	26.95	107	1.50	3.11	0.75
山西	3.70	2.76	2.07	0.11	11.49	5.14	49.37	36	1.29	3.83	0.66
內蒙古	5.63	2.30	4.16	0.16	10.29	4.79	28.61	1	1.21	0.11	0.51
遼寧	5.32	1.70	3.06	0.53	21.60	11.56	65.03	184	4.64	9.35	1.84
吉林	4.82	1.52	3.54	0.29	10.06	6.34	61.46	146	2.60	3.21	1.22
黑龍江	4.26	1.35	1.83	0.09	14.90	9.97	49.31	91	2.59	4.35	1.18
上海	13.90	0.83	6.35	2.93	23.13	13.78	193.39	345	27.93	28.04	5.73
江蘇	6.14	0.85	2.95	0.91	46.19	22.24	65.72	1,474	7.58	8.98	2.35
浙江	5.19	0.83	2.35	0.40	30.53	16.77	59.89	582	11.64	8.11	2.73
安徽	2.05	1.13	0.95	0.07	13.44	6.54	20.74	79	0.95	5.08	0.45
福建	4.63	0.88	2.35	0.51	15.72	11.54	37.91	407	3.88	24.62	1.40
江西	2.51	0.98	1.26	0.13	11.47	4.89	20.73	82	0.94	3.58	0.47
山東	4.93	1.18	2.40	0.18	46.33	24.61	43.49	595	4.34	15.50	1.70

表3-1(續)

地區	勞均GDP 萬元	能源消耗系數 噸標準煤/萬元	勞均資本形成總額 萬元/人	勞均FDI 美元/人	1%資本形成年均產出增長 億元	1%FDI年均產出增長 億元	每萬名就業人員中工程師科技人員人數 人	地區擁有發明專利數 項	勞均專利授權數 項	勞均新產品銷售收入 萬元/人	勞均高新技術產值 億元
河南	2.60	1.29	1.45	0.04	26.88	17.95	21.17	107	1.21	4.01	0.58
湖北	3.34	1.40	1.61	0.11	18.11	13.20	45.29	229	2.39	7.84	1.12
湖南	2.45	1.31	1.08	0.06	18.40	9.06	24.86	114	1.52	3.29	0.66
廣東	5.87	0.75	2.11	0.66	53.13	40.55	61.92	5,181	10.67	7.06	2.95
廣西	2.16	1.15	1.10	0.08	11.48	7.69	15.71	63	0.69	1.59	0.31
海南	2.95	0.90	1.35	2.27	2.10	1.31	11.28	0	0.71	0.06	0.30
重慶	2.30	1.33	1.50	0.11	21.05	7.83	32.15	103	2.79	9.71	1.13
四川	2.20	1.43	1.09	0.06	20.89	11.72	29.07	323	2.08	15.34	0.88
貴州	1.20	3.06	0.62	0.01	6.11	4.06	10.40	172	0.76	5.04	0.35
雲南	1.82	1.64	1.03	0.05	9.41	4.77	14.94	66	0.82	6.65	0.39
陝西	2.84	1.36	1.73	0.09	10.60	8.44	50.47	212	1.80	8.00	0.84
甘肅	1.97	2.11	0.96	0.02	6.58	2.60	26.18	12	0.75	1.84	0.36
青海	2.84	3.06	1.80	0.09	1.84	0.80	26.84	5	0.80	0.06	0.29
寧夏	2.87	3.95	2.11	0.07	1.90	1.37	32.73	10	0.96	13.22	0.37
新疆	4.40	2.03	2.61	0.04	6.80	4.83	26.16	3	1.92	9.87	0.79

表 3-2　人力資本與經濟增長適配指標體系之二——結構轉換適配指標

地區	第三產業每萬元增加值就業人數增長 人/萬元	高技術產業每億元增加值就業人數增長 人/億元	產業結構高度適配比 —	產業結構錯位度 %	第三產業貢獻率 %	高技術產業貢獻率 %	城鎮單位第三產業勞均報酬 元/人	勞動力淨流入率 %	城市就業指數 —	城鎮登記失業率 %	勞動力淨流入產出率 萬元/人	地區勞均報酬 元/人
北京	13.43	289.33	0.92	9.56	77.86	4.64	48,839.93	60.04	1.10	1.84	61.52	45,823
天津	2.77	138.00	0.92	31.58	41.78	1.80	34,086.28	15.26	0.79	3.59	275.86	33,312
河北	56.64	229.72	0.71	57.06	33.00	1.45	19,929.49	40.87	0.88	3.83	195.73	19,742
山西	24.05	1,134.47	0.85	73.04	29.23	2.10	19,603.57	37.73	1.22	3.24	93.16	21,315
內蒙古	16.97	71.83	0.79	80.28	28.82	1.06	23,911.97	39.64	1.00	3.99	91.86	21,794
遼寧	28.35	65.44	1.04	55.57	27.18	4.75	25,185.65	39.45	0.75	4.28	165.66	22,882
吉林	12.32	-131.06	0.82	63.97	33.52	3.08	21,381.68	41.12	0.36	3.92	74.49	20,371
黑龍江	18.01	-325.66	0.85	67.18	42.62	1.68	21,955.24	39.34	0.38	4.26	106.25	18,481
上海	9.52	415.74	0.96	13.68	63.89	0.19	48,781.03	20.34	1.86	4.22	466.79	44,976
江蘇	63.51	611.17	0.83	31.22	43.19	8.55	32,277.63	33.76	2.29	3.17	500.25	27,212
浙江	43.52	777.94	0.80	27.75	44.05	4.60	42,696.46	35.87	3.14	3.27	333.58	30,818
安徽	40.05	481.52	0.68	59.20	32.68	1.47	21,226.51	47.93	0.98	4.06	78.77	21,699
福建	29.19	518.01	0.75	43.27	43.43	1.77	27,659.20	53.75	1.49	3.89	79.00	22,277
江西	50.46	418.86	0.93	50.61	22.89	4.04	20,093.38	42.87	1.14	3.37	72.13	18,144
山東	67.61	340.05	0.84	55.10	38.39	6.54	25,559.89	46.98	1.68	3.21	290.49	22,734

表3－2（續）

地區	第三產業增加值每萬元就業人數增長 人/萬元	高技術產業增加值每億元就業人數增長 人/億元	產業結構高度適配比 -	產業結構錯位度 %	第三產業貢獻率 %	高技術產業貢獻率 %	城鎮單位第三產業勞均報酬 元/人	勞動力淨流入率 %	城市就業指數 -	城鎮登記失業率 %	勞動力淨流入率 萬元/人	地區勞均報酬 元/人
河南	89.04	269.15	0.73	71.68	29.84	2.84	20,893.33	51.37	1.10	3.41	140.55	20,639
湖北	36.41	19.34	0.86	47.72	49.12	5.24	21,467.69	30.86	1.23	4.21	203.44	19,548
湖南	43.72	35.44	0.70	66.08	33.83	1.03	22,995.98	39.19	1.33	4.25	140.49	21,060
廣東	85.57	907.80	0.80	47.55	45.77	0.63	36,200.23	57.00	1.59	2.51	233.10	29,658
廣西	41.91	332.30	0.60	68.54	32.96	0.98	22,403.25	47.25	1.08	3.79	65.65	21,251
海南	7.27	154.62	0.82	47.95	40.45	1.25	23,647.27	46.60	0.89	3.49	13.83	19,220
重慶	18.14	-6.62	0.76	55.26	27.33	3.62	24,756.79	19.98	1.91	3.98	162.09	22,965
四川	77.83	176.37	0.84	53.99	30.25	8.00	23,604.20	35.40	1.49	4.24	188.34	21,081
貴州	31.33	-543.71	0.79	73.18	50.78	2.25	21,578.19	53.85	0.70	3.97	23.10	20,254
雲南	24.55	81.14	0.56	94.26	40.60	1.13	20,919.08	49.50	1.20	4.18	47.67	19,912
陝西	28.13	-240.86	0.84	75.36	33.19	2.97	21,335.37	43.91	1.05	4.02	68.78	20,977
甘肅	17.78	-1,678.64	0.75	80.27	32.17	0.64	20,734.09	27.69	1.66	3.34	68.88	20,657
青海	8.57	292.84	0.91	67.42	28.89	1.48	27,712.39	47.63	1.77	3.75	8.45	25,318
寧夏	6.53	-294.41	0.77	69.44	32.56	1.71	25,650.11	56.17	0.92	4.28	6.84	25,723
新疆	11.49	-9.00	0.90	68.37	39.49	0.59	24,199.28	38.66	0.93	3.88	55.28	21,249

表 3-3　人力資本與經濟增長適配指標體系之三——制度變遷適配指標

地區	外貿依存度 %	勞均進出口總值 萬美元/人	港澳臺外資企業職工人數比重 %	FDI就業彈性 %	私營與國有企業就業人員比 倍	勞均市場化收入 億元	勞均非國有投資 億元	非國有投資就業彈性 %	非國有勞動報酬比重 %	每億元私營企業工業增加值就業人數 人/億元
北京	156.90	17,365.15	18.06	0.08	1.65	7.07	2.60	0.12	63.20	1,318.79
天津	107.58	16,511.16	30.30	-0.01	1.70	10.42	3.66	-0.01	54.13	885.75
河北	14.16	715.51	5.04	0.03	2.91	3.62	1.51	0.06	28.78	633.05
山西	15.36	747.02	2.77	0.02	1.25	3.31	1.20	0.06	29.93	771.53
內蒙古	9.66	715.27	1.71	0.02	1.80	5.18	2.47	0.04	31.89	443.02
遼寧	41.03	2,871.41	10.32	0.01	1.70	4.80	2.71	0.03	36.22	692.18
吉林	14.82	939.44	4.29	0.01	1.86	4.53	2.42	0.03	32.01	702.21
黑龍江	18.62	1,042.05	1.65	0.03	1.10	3.99	1.01	0.05	37.17	1,055.26
上海	176.46	32,267.74	34.05	0.01	3.31	11.54	3.27	0.02	56.85	938.74
江蘇	103.23	8,334.31	25.85	0.02	6.67	5.61	2.46	0.05	51.66	847.80
浙江	71.60	4,891.53	25.23	0.04	8.77	4.74	1.82	0.09	55.09	1,360.52
安徽	16.45	442.86	4.40	0.03	3.46	1.90	1.01	0.08	40.05	968.90
福建	61.21	3,724.48	42.58	0.06	3.43	4.28	1.47	0.10	58.64	1,180.56
江西	13.06	430.33	5.30	0.03	3.12	2.33	1.02	0.06	25.84	792.85
山東	35.87	2,327.44	15.24	0.03	3.75	4.62	2.06	0.07	44.39	601.30

表3-3(續)

地區	外貿依存度 %	勞均進出口總值 萬美元/人	港澳臺外資企業職工人數比重 %	FDI就業彈性 %	私營與國有企業就業人員比 倍	勞均市場化收入 億元	勞均非國有投資 億元	非國有投資就業彈性 %	非國有勞動報酬比重 %	每億元私營企業工業增加值就業人數 人/億元
河南	6.48	221.48	2.90	0.05	2.07	2.45	1.10	0.10	40.76	514.00
湖北	12.25	538.14	5.58	0.02	2.25	3.13	0.99	0.05	31.12	960.29
湖南	8.01	258.33	4.22	0.03	3.30	2.29	0.75	0.07	34.29	864.11
廣東	155.14	11,981.95	37.26	0.08	6.45	5.35	1.38	0.12	53.46	1,208.71
廣西	11.82	335.52	4.32	0.05	3.03	2.01	0.75	0.08	26.48	798.18
海南	21.85	847.23	5.95	0.04	2.34	2.69	0.87	0.08	28.03	1,295.03
重慶	13.72	415.64	4.35	0.01	3.78	2.06	1.26	0.04	44.61	1,110.73
四川	10.41	300.88	2.41	0.02	3.55	2.02	0.80	0.05	31.22	771.91
貴州	6.30	99.44	1.18	0.07	1.49	1.08	0.38	0.12	27.26	1,011.68
雲南	14.10	338.11	1.68	0.04	3.40	1.64	0.58	0.09	30.60	1,067.32
陝西	9.58	358.34	1.46	0.05	1.99	2.60	0.96	0.07	26.14	843.47
甘肅	15.54	401.90	0.61	0.02	1.94	1.83	0.45	0.05	20.92	1,021.00
青海	5.94	221.54	0.41	0.04	3.63	2.63	1.02	0.08	17.12	595.01
寧夏	13.52	511.06	1.98	0.08	2.72	2.61	1.34	0.12	38.34	783.61
新疆	29.60	1,712.68	1.06	0.05	1.15	4.04	1.45	0.06	26.33	875.43

3.4 指標權重的確定

3.4.1 賦權方法簡介

通常構權的方法有兩種，即主觀賦權法與客觀賦權法（陳正偉，2008）。

主觀賦權法是充分利用專家集體的知識、經驗和智慧，必要時輔以一定數學方法的指標權重確定方法。主要有兩種類型：專家評判法和層次分析法（AHP）。

專家評判法是通過收集整理專家學者對於備選的各個指標和因素的重要性程度來確定權數的賦權方法，實際運用中多採用德爾菲法來收集專家意見。它是在第一次聘請專家進行賦權的基礎上，將統計結果反饋給專家，請他們進行第二次賦權，重點是請偏差較大的專家盡量做出新的判斷。如此經過幾輪加權、統計、分析、修正后，再確定各個指標的最終權重。此方法能充分利用專家集體的知識、經驗和智慧，但如何挑選專家，其代表性、權威性和公正性是關鍵。此外，該方法在處理專家意見時所採用的數學方法較為粗略，評價結果受人的主觀影響較大，往往造成評價結果的偏差。

而層次分析法則是將被評價對象所包含的各種因素按相互影響和隸屬關係劃分成有效的遞階層次結構。要求專家基於一定客觀現實的主觀判斷，對各層次因素進行兩兩比較，確定其相對重要性，並通過數學計算與檢驗，獲得最低層相對於最高層的相對重要性權數。在實際運用中，首先是要建立有序的指標層級體系，然后通過兩兩比較構造判斷矩陣，用 1~9 之間的 9 個數字或其倒數來表示，該值越大說明該指標越重要。確定判

斷矩陣后需要歸一化處理，再通過計算即可確定權數。層次分析法能有效把握多層次、多目標問題的影響因素和內在關係，並使決策思維數學化，是一種能提高思維效率減少判斷失誤的方法。但這種方法要求各指標的相對重要性判斷具有一致性，不應產生邏輯錯誤和前后矛盾，而一旦指標過多，判斷矩陣過大，判斷不一致的現象時有發生。

為避免出現這樣的問題，此后又發展出模糊層次分析法（FAHP），利用簡單的比較原則構造優先次序和判斷準則，在實際應用中效果較好。跟層次分析法一樣，模糊層次分析法首先要求專家對評價指標進行兩兩比較，判斷其相對重要性，得出判斷矩陣。與層次分析法不同的是這個判斷矩陣中的元素只有三個取值，若認為兩個指標同等重要取值為0.5，一個指標較另一個指標重要取值為1，反之取值為0。這樣的判斷矩陣較層次分析法大為簡化，也使我們在構造判斷矩陣時更容易做到判斷的前后一致性。模糊層次分析法在加入評價者主觀判斷的同時，也兼顧了評價一致性和評價效果的穩定性，其權數計算公式較為簡單，是一種簡便適用的賦權方法。

客觀賦權法是依靠數理方法對指標進行賦權，權重系數的大小由原始數據信息含量的多少決定。常用的客觀賦權法包括：①迴歸分析法。即用以往所有評價指標評價后得到的數據作為各自的「變量」，以同一類型評價對象的總體評價分作為「因變量」，進行迴歸分析，從而得出每個指標的最終權重。②主成分分析或因子分析方法。這兩種方法都是很重要的數據降維方法，在多指標綜合評價中可以對變量賦權，計算綜合評價值。主成分分析方法的思想是把相關聯的原始變量用不相關的新變量表示為線性組合，被選取的新變量就是「主成分」。主成分的方差越大，說明主成分包含的信息量越大。因子分析認為變量中存在一些不可觀測的共同因素同時對原始變量產生影響，需要通

過一定的方法提取對變量有較大影響程度（因子載荷高）的公共因子。根據變量與各因子的「緊密」程度，把原始變量歸結到各因子中。主成分模型中的係數 a_{ij} 和因子得分模型中的係數 b_{ij} 可以看做指標 X_i 在第 j 個主成分或公共因子上的權重。應用主成分分析或因子分析的前提是原始指標的個數要足夠多，並且有一定的相關性。③變異係數法。該方法是根據各個評價指標數值的變異程度來確定評價指標的權數的方法，其基本思路是通過指標數值離散程度的大小來確定權重。一般認為指標數值在個案間的差異越大，說明其包含的信息量越大，該指標作為評價指標的分辨能力越強，所起的作用越大，應該賦予較大的權數。該方法首先需要計算各指標的變異係數，即用標準差除以均值，並對變異係數進行歸一化處理，即得各指標權數。④熵權法。該方法是基於信息論中「熵」（Entropy）的概念所提出的賦權方法，是目前公認較科學的客觀賦權法。熵的概念源於熱力學，在熱力學中把可逆過程中物質系統中吸收的熱量與熱力學溫度的比值看做該系統的熵。后由現代信息論創始人申農（C. E. Shannon）引入信息論，現已在工程技術、社會經濟等領域得到廣泛應用。在信息論中，「熵」是系統無序程度的度量，它還可以度量數據所提供的有效信息量，因此，可以用「熵」來確定權重。當指標數值差異較大時，熵值較小，說明該指標包含的信息量較大，應賦予較大的權重；反之，若某項指標的值相差較小，熵值較大，說明該指標包含的信息量較小，應賦予該指標較小的權重。而當各被評價對象在某項指標上的值完全相同時，熵值達到最大，這意味著該指標未向決策提供任何有用的信息，應當捨棄。

　　在選擇賦權方法上，若為避免主觀賦權的隨意性，單一採用客觀賦權法（如主成分分析法、變異係數法、熵權法等）雖然能夠有效傳遞數據信息與差別，但又忽視了決策者的主觀知

識與經驗。而我們在建立指標體系時，一般都有導向性的觀念和思想，因此，僅依靠數據本身所包含的信息來賦權往往又不能根據研究目的給出正確的評價。但反過來，僅依靠決策者的主觀知識和經驗又容易出現判斷不一致的情況，尤其是多層次多因素條件下確定大量指標的優先順序是很不容易的事情。

因此，本書採用主觀賦權與客觀賦權相結合的兩步賦權法來確定各指標的權重，按照層次分析法賦權的基本步驟，分兩階段進行賦權：第一階段是利用熵權法對四級指標進行賦權，按照各指標數值的離散程度區分其包含的信息量多少以確定權重，屬於客觀賦權法；第二階段則採用模糊層次分析法（FAHP）對三級指標指標和二級指標進行賦權。兩步賦權法能夠充分發揮熵權法和模糊層次分析法的優點：在四級指標階段，用熵權法解決複雜的指標優先關係判斷；在三級指標和二級指標階段則利用模糊層次分析法，加入研究者的主觀判斷，簡化指標優先關係判斷過程，兼顧了數據信息和評價者的主觀意圖，避免層次分析法容易出現判斷不一致的缺點，使評價結果符合研究的需要。

下面分別介紹這兩種方法，同時構造本書各層次指標的權重。

3.4.2 熵權法確定三級指標權重

信息論中，當系統可能處於幾種不同狀態，每種狀態出現的概率為 P_i（$i=1, 2, \cdots, n$）時，該定義該系統的熵為：

$$E = -\sum_{i=1}^{n} P_i \ln P_i \quad (0 \leq P_i \leq 1, \sum_{i=1}^{n} P_i = 1) \quad (3-1)$$

當 P_i 取值相等時，$P_i = \frac{1}{n}$，此時有 $E_{max} = \ln(n)$，這稱為熵的極值性。

設用 n 個指標所構成的指標體系來評價 m 個待評個案（以

下稱為（m，n）問題），第 i 個個案的第 j 個指標值為 x_{ij}（i = 1，2，…，m；j = 1，2，…，n），形成的原始指標矩陣為 X = $(x_{ij})_{mn}$。

根據評價指標的性質對原始數據進行 0－1 標準化，對正指標根據公式 3－2 進行標準化，而對逆指標則根據公式 3－3 進行標準化，形成標準化數據矩陣 R。

$$r_{it} = \frac{x_{it} - \min(x_t)}{\max(x_t) - \min(x_t)} \quad (3-2)$$

$$r_{ij} = \frac{\max(x_j) - x_{ij}}{\max(x_j) - \min(x_j)} \quad (3-3)$$

定義在一個（m，n）問題中第 j 個評價指標的熵為：

$$H_1 = -k \sum_{i=1}^{n} P_{ij} = \ln P_{ij} \quad (j=1, 2, \cdots, n) \quad (3-4)$$

其中，$P_{ij} = \dfrac{r_{ij}}{\sum_{i=1}^{m} r_{ij}}$，$k = \dfrac{1}{\ln m}$。要注意的是當 $P_{ij} = 0$ 時，$\ln P_{ij}$ 無意義，因此，對公式進行了修改，令 $P_{ij} = \dfrac{1 + r_{ij}}{\sum_{i=1}^{m}(1 + r_{ij})}$，而第 j 個評價指標的熵權為：

$$w_j = \frac{1 - H_j}{n - \sum_{j=1}^{n} r_{ij}} \quad (3-5)$$

根據以上原理，熵權法確定指標權重的計算步驟如下：

（1）構建 m 個個案 n 個評價指標的原始數據矩陣：
X = $(x_{ij})_{mn}$，(i = 1，2，…，n；j = 1，2，…，m)

（2）將 X 矩陣進行標準化，得到標準化矩陣 R，R 矩陣元素分正指標和逆指標按標準化公式求得。

（3）根據熵的定義，求得 m 個評價事物 n 個評價指標的

熵 H_j。

（4）計算評價指標的熵權 W_j。

要注意的是，本指標體系包含7個二級指標（B層）。根據綜合評價的需要，對三級指標（C層）計算熵權需要對應7個二級指標來分別計算。即首先根據基本公式計算出所有評價指標的熵 H_j，然后分別對7個二級指標計算其包含的三級指標的熵權。如B1層包含C1和C2兩個指標，則令 $m_1 = 2$，根據熵權公式求出這兩個指標各自的權重，其和為1。以此類推，分別令 $m_2 = 4$，$m_3 = 5$，$m_4 = 7$，$m_5 = 5$，$m_6 = 4$，$m_7 = 6$ 分別求出各B層指標所包含的C層指標的權重，且每一層指標權重之和為1，由此得到各三級評價指標的熵權，如表3-4所示：

表 3-4　　　　四級評價指標熵值與權重

B 層	C 層	指標	熵值 Hj	權重 wj
B1 直接產出	C1	勞均 GDP	0.995837735	0.578902
	C2	能源消耗系數	0.996972329	0.421098
B2 資本聚集	C3	勞均資本形成總額	0.995312637	0.246371
	C4	勞均 FDI	0.994320242	0.298532
	C5	1% 資本形成年均產出增長	0.995020895	0.261705
	C6	1% FDI 年均產出增長	0.996320593	0.193392
B3 知識累積	C7	每萬名就業人員中工程師和技術人員人數	0.995599874	0.198909
	C8	地區擁有發明專利數	0.996089416	0.17678
	C9	勞均專利授權數	0.995435946	0.20632
	C10	勞均新產品銷售收入	0.995591723	0.199278
	C11	勞均高新技術產值	0.995161789	0.218713

表3-4(續)

B層	C層	指標	熵值 Hj	權重 wj
B4 產業結構	C12	第三產業每萬元增加值就業人數增長	0.994125588	0.201747
	C13	高技術產業每億元增加值就業人數增長	0.998243518	0.060323
	C14	產業結構高度適配比	0.99707611	0.100416
	C15	產業結構錯位度	0.99673372	0.112175
	C16	第三產業貢獻率	0.996518793	0.119556
	C17	高技術產業貢獻率	0.994617505	0.184853
	C18	城鎮單位第三產業勞均報酬	0.993567001	0.22093
B5 區域配置	C19	勞動力淨流入率	0.996430136	0.239225
	C20	城市就業指數	0.996777275	0.341693
	C21	城鎮登記失業率	0.995394377	0.223337
	C22	勞動力淨流入產出率	0.994735763	0.339936
	C23	地區勞均報酬	0.9947605	0.175765
B6 對外開放	C24	外貿依存度	0.992516251	0.316168
	C25	勞均進出口總值	0.995108485	0.206653
	C26	港澳臺外資企業職工人數比重	0.99255473	0.314543
	C27	FDI 就業彈性	0.996150395	0.162636
B7 市場化	C28	私營與國有企業就業人員比	0.995752927	0.164999
	C29	勞均市場化收入	0.995724682	0.166096
	C30	勞均非國有投資	0.994980101	0.195023
	C31	非國有投資就業彈性	0.996779226	0.125127
	C32	非國有勞動報酬比重	0.99525086	0.184504
	C33	每億元私營企業工業增加值就業人數	0.995772206	0.16425

熵權具有如下性質（李曉青和鄭蓉，2007）：

（1）指標的熵越大，熵權越小，滿足 $0 \leqslant w_j \leqslant 1$ 且 $\sum_{j=1}^{n} w_j = 1$。

（2）當各被評價對象在指標 j 上的值相差越大，熵值越小，熵權越大時，說明該指標向決策者提供了有用的信息；當各被評價對象在指標 j 上的值完全相同時，熵值為1，熵權為0，這

意味著該指標應當被取消。

觀察求得的熵權，取值合理，分佈正常。僅有 C13 高技術產業每億元增加值就業人數增長的熵權較小，但考慮到高技術產業對勞動力的吸納作用有助於說明知識經濟時代人力資本的配置能力，為保持指標體系的完整性予以保留。總體來看，指標體系各評價指標選擇得當，信息含量大，在區分被評價對象的特徵及其差異有較強的識別能力。

3.4.3 模糊層次分析法確定一級和二級指標權重

模糊層次分析法（FAHP）是一種簡便易行、實用性強的賦權方法，與一般的專家意見法相比，有更為成熟的數學處理方法。相對於通常使用的層次分析法（AHP），模糊層次分析法在構造判斷矩陣（即后文中的優先關係矩陣）時更為容易，能夠很大程度避免層次分析法中的判斷矩陣不一致問題。通常可結合使用德爾菲法，選擇專家（專家組成既包括學術界的專家、政府的權威人士，也包括企業內的精英等，以盡可能綜合各方的意見，減少主觀判斷對權重確定的影響程度）構造優先關係矩陣。該方法的基本思路和步驟如下：

（1）逐層構造優先關係矩陣

優先關係矩陣 $G = |g_{ij}|_{n \times n}$ 是有限論域 $u = \{u1, u2, \cdots, un\}$ 上的一個三值（0，0.5，1）矩陣，矩陣中元素取值為：

$$g_{ij} = \begin{cases} 1 & \text{表示指標 i 比指標 j 重要} \\ 0.5 & \text{表示指標 i 與指標 j 同等重要} \\ 0 & \text{表示指標 i 不如指標 j 重要} \end{cases}$$

因此可以構造 A 層（一級評價指標）的優先關係矩陣 G（A），並對 G（A）按行求和，即：

$$s_i = \sum_{j=1}^{n} g_{ij}$$

A 層因素一共有三個，即 A1 人力資本的產出適配能力、A2

人力資本的結構轉換適配能力和 A3 人力資本的制度變遷適配能力。在充分徵求專家意見的基礎上，考慮當前中國處於經濟高速增長與經濟轉型時期，認為三方面因素在評估地區人力資本適應能力方面缺一不可，同等重要。因此，對這三個因素應賦予相同的權數。

接下來分別構造 A1、A2 和 A3 層各因素的權重。

首先列出 A1 層各因素的優先關係，如表 3-5 所示：

表 3-5　　　　　A1 層因素優先關係矩陣

	B1	B2	B3	s(i)
B1	0.5	1	0	1.5
B2	0	0.5	0	0.5
B3	1	1	0.5	2.5

（2）計算模糊判斷矩陣與權重

根據下面公式計算模糊判斷矩陣 K（A1），如表 3-6 所示：

$$k_{ij} = (s_i - s_j)/2n + 0.5 \tag{3-6}$$

表 3-6　　　　　A1 層因素模糊判斷矩陣

	A1	A2	A3
A1	0.5	0.5	0.33
A2	0.5	0.5	0.17
A3	0.67	0.67	0.5

再根據如下公式計算該層指標權重。

$$w_i = \bar{k}_i / \sum_{i=1}^{m}\bar{k}_i \text{ （其中：} \sqrt[n]{\prod k_{ij}}\text{）} \tag{3-7}$$

可得 A 層三個指標的權重向量為：

$$W(A_1) = (0.3144 \quad 0.2496 \quad 0.4360)^T$$

（3）按照相同的方法，在徵求專家意見基礎上分別在 A2 層和 A3 層構造優先關係矩陣，計算模糊判斷矩陣，得到 B 層因素的權重。A2 層模糊判斷矩陣與計算所得權重如表 3-7 所示：

表 3-7　　　　　　A2 層因素模糊判斷矩陣

	B4	B5	權重
B4	0.5	1	0.634
B5	0	0.5	0.366

A3 層模糊判斷矩陣與計算所得權重如表 3-8 所示：

表 3-8　　　　　　A3 層因素模糊判斷矩陣

	B6	B7	權重
B6	0.5	0.5	0.5
B7	0.5	0.5	0.5

在此，結合熵權法與模糊層次分析法確定了指標體系各層因素及指標的全部權重，將人力資本與經濟增長適配度評價指標體系列表，如表 3-9 所示：

表 3-9　人力資本與經濟增長適配度評價指標體系構成及權重

一級指標	二級指標	三級指標	四級指標
中國人力資本與經濟增長總體適配度	產出適配能力 A1（1/3）	直接產出能力 B1（0.3144）	勞均 GDP（萬元）C1（0.578,902）
			能源消耗係數 C2（0.421,098）
		資本聚集產出能力 B2（0.2496）	勞均資本形成總額 C3（0.246,371）
			勞均 FDI C4（0.298,532）
			1% 資本形成年均產出增長 C5（0.261,705）
			1% FDI 年均產出增長 C6（0.193,392）
		知識累積創新產出能力 B3（0.4360）	每萬名就業人員中工程師和技術人員數 C7（0.198,909）
			地區擁有發明專利數 C8（0.176,78）
			勞均專利授權數 C9（0.206,32）
			勞均新產品銷售收入 C10（0.199,278）
			勞均高新技術產值 C11（0.218,713）
	結構轉換適配能力 A2（1/3）	產業結構轉換適配能力 B4（0.6340）	第三產業每萬元增加值就業人數增長 C12（0.127,954）
			高技術產業每億元增加值就業人數增長 C13（0.044,753）
			產業結構高度適配比 C14（0.112,576）
			產業結構錯位度 C15（0.125,759）
			第三產業貢獻率 C16（0.134,034）
			高技術產業貢獻率 C17（0.207,238）
			城鎮單位第三產業勞均報酬 C18（0.247,685）
		區域配置能力 B5（0.3660）	勞動力淨流入率 C19（0.239,225）
			城市就業指數 C20（0.333,86）
			城鎮登記失業率 C21（0.218,217）
			勞動力淨流入產出率 C22（0.332,143）
			地區勞均報酬 C23（0.171,736）
	制度變遷適配能力 A3（1/3）	對外開放適配能力 B6（0.5）	外貿依存度 C24（0.305,882）
			勞均進出口總值 C25（0.199,93）
			港澳臺外資企業職工人數比重 C26（0.304,309）
			FDI 就業彈性 C27（0.189,879）
		市場化適配能力 B7（0.5）	私營與國有企業就業人員比 C28（0.164,999）
			勞均市場化收入 C29（0.166,096）
			勞均非國有投資 C30（0.195,023）
			非國有投資就業彈性 C31（0.125,127）
			非國有勞動報酬比重 C32（0.184,504）
			每億元私營企業工業增加值就業人數 C33（0.164,25）

3.5 人力資本適配度指數的計算與描述

3.5.1 中國各省市區人力資本適配度指數及排序

計算綜合指數時，為了消除數據量綱的影響，首先要對指標數據進行 0-1 規格化處理。由於本書涉及大量強度相對指標，須區分正指標和逆指標，分別採用不同的公式進行計算。本指標體系共有三個逆指標，即能源消耗系數、城鎮登記失業率和產業結構錯位度，對這三個指標採用公式 3-3 進行標準化，其他指標則採用公式 3-2 進行標準化處理。根據指標體系和各自權重逐層計算出人力資本與經濟增長適配能力各層指數及總指數。各層指數計算結果如表 3-10 所示：

表 3-10 中國人力資本與經濟增長適配度指數各層計算結果

地區	總指數	產出適配能力 指數	直接產出	資本聚集	知識累積	結構轉換適配能力 指數	產業結構	區域配置	制度變遷適配能力 指數	對外開放	市場化
北京	0.674	0.617	0.750	0.348	0.675	0.722	0.697	0.767	0.682	0.659	0.704
天津	0.520	0.617	0.859	0.504	0.507	0.392	0.388	0.398	0.551	0.519	0.584
河北	0.246	0.207	0.395	0.245	0.050	0.332	0.302	0.383	0.200	0.102	0.297
山西	0.208	0.146	0.269	0.139	0.060	0.308	0.254	0.401	0.171	0.077	0.265
內蒙古	0.208	0.197	0.416	0.219	0.026	0.244	0.202	0.317	0.182	0.054	0.310
遼寧	0.320	0.300	0.480	0.304	0.167	0.371	0.402	0.317	0.289	0.211	0.367
吉林	0.241	0.250	0.481	0.214	0.103	0.244	0.251	0.232	0.229	0.121	0.338
黑龍江	0.232	0.233	0.477	0.167	0.095	0.237	0.256	0.204	0.227	0.120	0.334
上海	0.704	0.771	0.985	0.701	0.656	0.616	0.565	0.704	0.726	0.787	0.664
江蘇	0.559	0.437	0.628	0.516	0.253	0.723	0.659	0.835	0.517	0.451	0.583

表3-10(續)

地區	總指數	產出適配能力 指數	直接產出	資本聚集	知識累積	結構轉換適配能力 指數	產業結構	區域配置	制度變遷適配能力 指數	對外開放	市場化
浙江	0.541	0.382	0.588	0.334	0.262	0.696	0.607	0.850	0.544	0.371	0.716
安徽	0.236	0.169	0.406	0.106	0.034	0.295	0.268	0.344	0.243	0.114	0.372
福建	0.424	0.315	0.556	0.244	0.181	0.395	0.359	0.456	0.561	0.556	0.566
江西	0.248	0.180	0.446	0.107	0.031	0.379	0.383	0.372	0.184	0.101	0.266
山東	0.420	0.352	0.531	0.432	0.178	0.571	0.523	0.655	0.337	0.244	0.430
河南	0.279	0.208	0.411	0.248	0.040	0.421	0.391	0.472	0.208	0.123	0.294
湖北	0.274	0.228	0.429	0.193	0.104	0.394	0.423	0.342	0.201	0.107	0.295
湖南	0.226	0.183	0.400	0.148	0.046	0.301	0.267	0.361	0.194	0.081	0.307
廣東	0.620	0.525	0.630	0.581	0.418	0.627	0.546	0.766	0.707	0.763	0.650
廣西	0.215	0.160	0.408	0.109	0.012	0.284	0.237	0.365	0.200	0.138	0.263
海南	0.252	0.216	0.477	0.264	0.001	0.281	0.261	0.317	0.257	0.150	0.364
重慶	0.253	0.211	0.391	0.177	0.100	0.325	0.293	0.381	0.223	0.046	0.400
四川	0.288	0.208	0.373	0.173	0.108	0.490	0.545	0.395	0.168	0.072	0.263
貴州	0.187	0.057	0.116	0.038	0.025	0.293	0.289	0.302	0.211	0.154	0.269
雲南	0.191	0.137	0.329	0.078	0.032	0.222	0.156	0.335	0.215	0.104	0.327
陝西	0.228	0.203	0.412	0.134	0.092	0.290	0.271	0.322	0.190	0.123	0.257
甘肅	0.151	0.107	0.275	0.048	0.020	0.220	0.133	0.371	0.126	0.043	0.209
青海	0.188	0.079	0.190	0.055	0.013	0.331	0.268	0.441	0.152	0.075	0.230
寧夏	0.205	0.069	0.076	0.069	0.064	0.260	0.217	0.336	0.287	0.191	0.383
新疆	0.219	0.188	0.396	0.127	0.072	0.259	0.243	0.286	0.211	0.133	0.289

　　對各層指數進行排序，按適配度由高到低將中國30個省市區按順序排列，如表3-11所示。

表 3-11　　　　　　　　各層指數排序結果

地區	總指數	產出適配能力				結構轉換適配能力			制度變遷適配能力		
		指數	直接產出	資本聚集	知識累積	指數	產業結構	區域配置	指數	對外開放	市場化
A	A1	B1	B2	B3	A2	B4	B5	A3	B6	B7	
上海	1	1	1	1	2	5	4	5	1	1	3
北京	2	2	3	6	1	2	1	3	3	3	2
廣東	3	4	4	2	4	4	5	4	2	2	4
江蘇	4	5	5	3	6	1	2	2	7	6	6
浙江	5	6	6	7	5	3	3	1	6	7	1
天津	6	3	2	4	3	11	11	11	5	5	5
福建	7	8	7	12	9	13	8	4	4	7	
山東	8	7	8	5	8	6	7	6	8	8	8
遼寧	9	9	10	8	9	13	9	26	9	9	12
四川	10	16	24	17	10	7	6	12	28	27	26
河南	11	15	17	10	21	8	10	7	19	16	21
湖北	12	12	14	15	11	10	8	20	20	20	20
重慶	13	14	23	16	13	16	15	14	15	29	9
海南	14	13	12	9	30	23	21	25	11	12	13
江西	15	22	13	24	24	12	12	15	25	23	24
河北	16	17	22	11	19	14	14	13	22	22	19
吉林	17	10	9	14	12	27	24	29	13	17	14
安徽	18	23	19	25	22	19	19	19	12	19	11
黑龍江	19	11	11	18	14	28	22	30	14	18	15
陝西	20	18	16	21	15	21	17	23	24	15	28
湖南	21	21	20	19	20	18	20	18	23	24	18
新疆	22	20	21	22	16	25	25	28	18	14	22
廣西	23	24	18	23	29	22	26	17	21	13	27
山西	24	25	27	20	18	17	23	10	27	25	25
內蒙古	25	19	15	13	25	26	28	24	26	28	17
寧夏	26	29	30	27	17	24	27	21	10	10	10
雲南	27	26	25	26	23	29	29	22	16	21	16
青海	28	28	28	28	28	15	18	9	29	26	29
貴州	29	30	29	30	26	20	16	27	17	11	23
甘肅	30	27	26	29	27	30	30	16	30	30	30

3.5.2 中國經濟增長中人力資本適配度的總體評價

計算結果顯示，在人力資本與經濟增長適配性的總體評估中，東部地區的勞動者顯示出較強的適應能力。其中，總體適配性最強的是上海，依次是北京、廣東、江蘇、浙江、天津、福建、山東和遼寧。

而西部的人力資本在適配性總體評價中處於落后局面，除了四川、重慶和陝西外，其余的西部省市排名墊底。適配性最差的5個省區按順序依次是甘肅、貴州、青海、雲南和寧夏，其中甘肅僅有0.151的得分。

中部地區人力資本適配度大致處於中間水平，但與西部地區的人力資本適配度差距很小。綜合來看，各省份評價結果與目前經濟增長水平基本適應，說明評價指標體系設置較為合理，評價效果較好。

對總體適配度的分佈、總體適配度與各二級適配指數的統計特徵進行描述，觀察其均值及散布特徵，並對二級適配指數的相關性進行分析。

觀察各地區總體適配度的分佈，如圖3－1所示，30個省市區中有20個地區的總體適配度在0.2～0.3區間內，而得分在0.3以上的只有9個地區。這說明當前各地區人力資本適配度普遍較低，勞動者還不具備適應知識經濟時代和經濟全球化所需要的勞動能力和適應能力，導致較低的經濟水平。這表現在勞動生產率低，經濟增長方式難以轉變，產業結構難以有效轉換，人力資本低下難以有效聚集資本，而市場化和對外開放對於大部分地區來說並未起到有效促進就業、提高勞動者收入的作用。

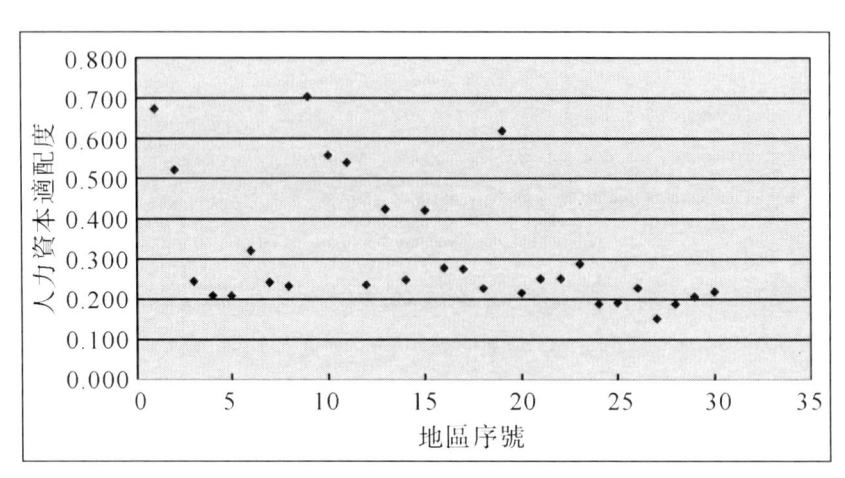

图 3-1　各地區總體適配度指數分佈

對總體適配度及各級適配指數計算描述統計指標，如表 3-12 所示：

表 3-12　總體適配度與各級適配指數描述統計指標

描述統計	總體適配度	產出適配能力				結構轉換適配能力				制度變遷適配能力		
		指數	直接產出	資本聚集	知識累積	指數	產業結構	區域配置	指數	對外開放	市場化
均值	0.319	0.265	0.453	0.234	0.147	0.384	0.355	0.434	0.306	0.226	0.386
標準差	0.159	0.173	0.192	0.168	0.183	0.155	0.152	0.179	0.181	0.219	0.152
標準差系數	0.499	0.651	0.424	0.717	1.244	0.404	0.427	0.412	0.591	0.966	0.394
全距	0.553	0.714	0.908	0.663	0.674	0.503	0.563	0.646	0.599	0.744	0.507
偏度	1.313	1.477	0.698	1.233	1.939	1.138	0.814	1.306	1.335	1.557	1.088

從總體適配度及各層適配指數的表現來看可以得到以下幾個結論：

（1）總體適配程度較低，平均僅為 0.319，各地區適配度指數差異較大，最高得分幾乎是最低得分的 5 倍，差距達到 0.553。

（2）所有適配指數均為正偏分佈，說明大部分地區的適配

指數小於平均數。二級適配指數中，結構轉換適配指數的偏離程度相對較小，產出適配指數偏離程度最大，說明各地區在結構轉換過程中人力資本適配能力的表現差異相對較小，而在產出方面，尤其是在知識累積和創新產出方面差異巨大，偏離程度達到 1.939。

（3）結構轉換適配指數得分相對較高，為 0.384，離散程度在三個二級適配指數裡也是最小的，說明中國各地區勞動者在適應結構變化方面的能力強於產出適配能力和制度變遷適配能力。從三級指數來看，產業結構轉換能力弱於區域配置能力。由於不同產業對職業技能有著特殊需求，人力資本專用性較強，因此，產業間轉換的主要障礙是勞動者未具備相應的基本技能和技術水平。由此可見，勞動者職業能力單一，學習能力較差，難以適應產業結構轉換的需求。

（4）在所有的二級適配指數中，產出適配指數得分最低，離散程度最大。

具體分析其三級指數可發現：

使人力資本產出能力偏低最大的影響因素是人力資本的知識累積和創新產出能力，在三項產出能力上得分最低，各地區平均僅為 0.147。這說明大部分地區的勞動者缺乏知識累積能力，不適應技術進步和創新產出的要求。

資本聚集能力，得分偏低，平均僅為 0.234。這說明大部分地區的勞動者由於其人力資本較低，在吸引資本投入上缺乏優勢，使得這些地區資本累積能力降低從而影響產出能力。

直接產出能力表現尚可。

（5）制度變遷適配能力方面，人力資本對市場化的適應能力高於對外開放的適應能力，勞動者已開始逐步適應自 20 世紀 80 年代開始的各項改革措施，非國有經濟的發展在促進就業和提高收入上起到了重要的作用。而各地區勞動者在對外開放中

的適應表現則不一而足，首先是得分差距大，最高分與最低分相差達0.744，差距居各層指數前列。同時其偏離程度在所有指數中排名第二，僅次於知識累積和創新產出，更說明大部分地區的勞動者在對外開放中的適應能力遠遠低於平均水平。

（6）從各項人力資本適配指數的關係上看，各項適配指數均表現出明顯的相關性，尤其是產出適配能力與制度變遷適配能力呈現高度相關。由此可知，人力資本在經濟增長中的各項適配能力具有交互關係，可能相互促進或相互約束。因此，使各項能力均衡發展有利於提高人力資本適配度。然而，現實情況是大部分地區人力資本適配能力都非常不均衡，也因此造成人力資本總體適配度的低下。如表3-13所示：

表3-13　　　　　二級適配指數相關係數表

相關係數	產出適配能力	結構轉換適配能力	制度變遷適配能力
產出適配能力	1		
結構轉換適配能力	0.749,6	1	
制度變遷適配能力	0.900,6	0.780,3	1

第四章
人力資本適配度與經濟增長影響因素相關性分析

人力資本適配度指數是用於考察人力資本與經濟增長要求適應與配合程度的綜合指數，因此，對人力資本適配性的判定和深入研究不能離開具體的經濟增長背景。為尋找人力資本適配性影響經濟增長的路徑和方式，本章從人力資本適配度與經濟增長各主要影響因素之間的關係入手，探討人力資本適配性在經濟增長中的角色和地位，證明從人力資本適配性尋找經濟增長原因的正確性。

4.1 經濟增長影響因素分析

古典經濟增長理論認為長期經濟增長主要取決於要素投入的多少。亞當·斯密將土地、勞動和資本視作經濟增長要素，而薩伊則提出勞動、資本和自然資源三要素論；新古典經濟增長理論在影響經濟增長的因素中加入了外生的技術進步因素，強調其在經濟增長中的主要作用；肯德里克和丹尼森等經濟學家則引入了全要素生產率的概念，同時強調了要素投入的數量和質量對經濟增長的影響；而內生經濟增長理論則認為知識、技術和人力資本是決定經濟增長能力的重要變量，並將人力資本視為經濟增長的源泉。

綜合不同階段經濟增長理論對經濟增長因素的研究，影響長期經濟增長的主要因素大致有以下五個方面：

（1）物質資本投入

物質資本投入是促進一國經濟增長的首要和直接途徑。縱觀世界發達國家的經濟增長軌跡，在經濟起飛之時總是伴隨著較高的物質資本投入，當經濟增長取得一定成就后物質資本累積的力度會逐漸減弱。因此，物質資本投入與經濟增長所處的

階段、環境和背景密切相關。當前一些發達國家出現的二次「資本深化」現象則是由於技術進步速度加快了資本品的更新換代，從而使物質資本投入顯著提高。但總體而言，不發達國家物質資本投入力度普遍高於發達國家，其經濟增長的資本推動特徵非常明顯。

（2）勞動力投入

新古典經濟增長模型只考慮了同質勞動力的投入對經濟增長的影響，內生經濟增長理論則加入了反應勞動力能力差異的人力資本因素。但內生經濟增長理論通常將勞動力投入分解為勞動力數量投入與人力資本因素投入，認為勞動力投入是勞動力數量與質量的乘積，這一思想在盧卡斯模型中表現得非常清楚。沿襲內生經濟增長理論展開的實證研究通常分別就人力資本的數量和質量對經濟增長的貢獻進行了研究，如王金營（2001）和魏立萍（2005）等對中國人力資本和經濟增長的實證研究。

針對現有經濟增長理論中通常用勞動力數量和人力資本水平的乘積來衡量勞動力投入的現象，本書認為，勞動力所具有的人力資本是依附於勞動力本身的，無法分離，在經濟增長模型中的勞動力數量實際上已經包含了勞動力質量和其具有的人力資本，再加入人力資本水平對勞動力投入來說已經存在重複計算。因此本書並未採取這種質量與數量分離的做法來考察勞動力人力資本在經濟增長中所起的作用，而是將索洛模型與盧卡斯模型相結合，用勞動力數量代表勞動力投入，用人力資本適配性衡量人力資本水平的高低，避免了將勞動力與其人力資本硬性分離；同時又注意把握人力資本的可變性、差異性及其在經濟增長中的表現，與以往的研究相比將更具有科學性和合理性。

（3）知識累積與創新

新古典增長理論強調了技術進步在經濟增長中的作用。自索洛模型開始，技術進步在經濟增長模型中一直處於中心位置。然而技術進步作為「不可解釋的殘差」（納爾森，2001）在經濟增長中的作用顯得非常模糊。

知識經濟時代的來臨使得知識累積與創新活動的重要性日益明顯，正如羅默（1986）模型所表達的思想，內生經濟增長理論充分肯定了知識累積、知識外溢和創新活動在經濟增長中的作用。由於技術進步與知識累積和創新活動存在非常密切的關係，加上知識累積和創新在涵義上較技術進步更為確切，因此在實證研究中更容易把握。這使得知識累積與創新具備從理論和實證上解釋經濟增長差異的能力。

（4）結構變動

庫茲涅茨和錢納里等結構主義經濟學家認為經濟增長的本質是結構變化的過程，他們通過對不同國家經濟增長差異的觀察和計量分析，認為影響經濟增長的因素不只是新古典增長模型中的資本、勞動力和技術進步。庫茲涅茨在其著作中提出了影響經濟增長的主要因素還應當包括知識存量的增加、勞動生產率的提高和產業結構的變化，並從產業結構出發去研究現代經濟增長的特徵（龔仰軍，2002）。而錢納里則認為還應包括勞動力和資本的配置、出口的增加、國際收支的增減和一國經濟的發展階段等結構性因素（龔仰軍，2002）。

庫茲涅茨基於長期國民經濟統計資料的實證研究解釋了伴隨一國經濟增長的產值結構和勞動力結構的變化趨勢，而錢納里和塞爾奎因在建立數學模型的基礎上分析比較了一些國家的工業化經驗，明確提出了經濟結構轉變與經濟增長的密切關係。

國內的一些實證研究成果也支持了結構變動因素在經濟增長中的作用。如北京大學中國國民經濟核算與經濟增長研究中

心（2008）在其《中國經濟增長報告（2008）——經濟結構與可持續發展》中指出改革開放后產業結構升級和市場化進程對中國的經濟增長做出了積極貢獻，並且隨著產業結構升級和市場化水平的不斷提高，中國經濟的穩定性也在不斷提高。

（5）制度因素

新制度經濟理論認為引起經濟增長的根本原因在於制度創新。道格拉斯·諾斯1968年發表的關於海洋運輸生產率變化原因的文章首次從制度的完善和創新角度分析了提高生產率的途徑。他認為，即使是沒有技術變化通過制度創新也能提高生產率和實現經濟增長（盧現祥，2003）。

20世紀60年代以前的經濟增長模型主要是通過物質生產要素的變化說明生產率的變化和經濟增長的原因，並未涉及制度因素。此后，一些經濟學家開始重視制度變化對經濟增長的影響。如楊小凱、博蘭德、貝加等人利用交易費用原理將勞動分工的「規模收益遞增」和「協調分工的成本」納入經濟增長模型之中（盧現祥，2003）。

制度經濟學家們認為良好的制度環境有助於確定交易主體之間的相互關係，降低交易費用，減少不確定性，從而提高交易收益。制度創新的本質是生產關係的調整，有效的制度能夠促進經濟增長，而不利的制度必將阻礙經濟增長。按照制度經濟學派的觀點，制度也是一個稀缺因素，當經濟增長中制度是一個瓶頸因素時，制度創新或制度變遷都會帶來經濟增長（盧現祥，2003）。

制度學派強調制度供給對經濟增長的貢獻非常符合中國經濟增長的實際情況。自1978年實行改革開放以來，對外開放和市場化改革的不斷深入給中國帶來了巨大的經濟活力，也使中國經濟走上了快車道。近年的研究根據知識經濟時代的特徵和要求，將知識因素、制度因素和文化因素加入經濟增長模型。

如 Barro、Quah、Rodrik 等將制度和政策機制作為經濟增長的重要決定因素引入實證研究中（王健，2008）。而中國經濟增長模型也越來越多地包含了制度變遷因素。如劉紅、唐元虎（2001）、王文博等（2002）、易綱、樊綱、李岩（2003）、章安平（2005）、何東霞、何一鳴（2006）、潘慧峰、楊立岩（2006）等的理論和實證分析結果顯示制度變遷對中國經濟增長起到了非常重大的推動作用。

考察經濟增長理論中關於經濟增長影響因素的變化，各階段的界定並無本質的差異，主要區別是在部分要素上進行了細化。為尋找人力資本適配性影響經濟增長的證據，本書針對中國經濟增長中區域非平衡性與人力資本發揮程度的較大差異展開研究，採用跨省的橫截面數據進行實證分析。這些省市區的經濟結構、增長特徵、文化背景和人口素質各不相同，其中既有經濟較發達的地區，也有經濟增長水平和效益較差的欠發達地區；既有基本實現工業化開始進入服務經濟的省份，也有處於工業化中期，或是還未擺脫工業化初期特徵的省份。因此，對這些差異巨大的省份和地區要確定其經濟增長影響因素必須考慮其所處的經濟增長階段及相應的經濟增長特徵。

為此，依據傳統的經濟增長「三要素論」，糅合現代經濟增長研究中關於制度和政策對經濟增長態勢的影響，考慮中國經濟增長與人力資本存在的區位差異，將中國經濟增長的主要影響因素界定為：地區資本存量、人力資本水平、技術進步與知識累積、產業結構以及制度和區位因素。

4.2　人力資本適配度與地區資本存量

由於中國統計資料缺乏對資本存量的統計調查，有很多早

期研究是利用一些替代變量如當年的固定資產投資或是當年的資本形成總額來近似地表徵資本在經濟增長中的作用。20世紀90年代以來，在資本存量估算方面的研究有了重大突破，出現了一些較有影響力的代表性成果，為資本存量的估算提供了依據。

4.2.1 省際資本存量的估算

關於中國資本存量估算的研究已有大量豐碩的成果，很多學者在資本存量估計上做出了巨大貢獻。其中比較有代表性和影響力的如張軍擴、鄒至莊、賀菊煌、任若恩和劉曉生、王小魯、楊格、王和姚、喬根森、張軍、黃永峰等、宋海岩等、何楓等、張軍和章元、張軍等、龔六堂和謝丹陽等（張軍等，2004）。

對資本存量的估算儘管已有大量的研究成果，但除了楊格、宋海岩等、龔六堂和謝丹陽以及張軍等（2004）的研究之外，大部分研究是對中國資本存量的總體估計，並未涉及省際資本存量的估算。在關於省際資本存量的研究成果中，以張軍等（2004）的研究最具影響力和代表性。張軍等學者的研究不僅詳細解釋了省際存量估算的方法，而且公布了1952—2000年代表性年份各地區的資本存量估計數據，為分地區進行經濟增長研究提供了基礎性的數據。因此我們在這裡採用張軍等（2004）的研究方法，在其省際資本存量估算數據的基礎上推算2007年各地區的資本存量數據。由於國家統計局國民經濟核算司在2004年進行了第一次全國經濟普查，利用這次的普查數據對1952—2004年以前的全國國民經濟核算數據進行了系統修訂，同時對1993—2004年的地區國民經濟核算資料進行了修訂，為我們推算2007年的省際資本存量數據提供了便利。

對於物質資本存量的估算，學術界普遍採用戈登史密斯

（Goldsmith）在1951年開創的永續盤存法。其基本公式為：

$$K_{it} = K_{it-1}(1-\delta_{it}) + I_{it} \qquad (4-1)$$

永續盤存法採用的是遞推公式，要計算資本存量必須首先確定基年資本存量 K_0，以及經濟折舊率 δ、當年投資額 I 以及投資價格指數 P 四個變量。下面介紹張軍等（2004）在估算中國省際物質資本存量對這四個變量採取的處理方法。

（1）基年資本存量的確定。

張軍等人將基年選擇為1952年，因為在永續盤存法中，基年選擇得越早，對后續年份的影響就會越小。在充分比較了張軍擴、何楓等、鄒至莊、王和姚、賀菊煌以及宋海岩等的研究成果的基礎上，採用了楊格的處理方法，即用各省區市1952年的固定資本形成除以10%作為該省區市的初始資本存量（張軍等，2004）。

（2）經濟折舊率的確定

在界定重置率與折舊率的基礎上，詳細比較了帕金斯、胡永泰、王小魯以及王和姚、楊格、霍爾和瓊斯、龔六堂和謝丹陽、宋海岩等以及黃永峰等的研究中關於折舊率的確定，分別計算了各省區市全部建築、設備以及其他類型投資的折舊率分別是6.9%，14.9%和12.1%。並根據這三類資本品的比重，即建築安裝工程63%，設備工器具購置29%，其他費用8%計算得到各省固定資本形成總額的經濟折舊率 δ 是9.6%（張軍等，2004）。

（3）當年投資額的選擇

張軍等人認為當年投資額的選取主要有三種方式，即「累積」的概念、全社會固定資產投資和資本形成總額或固定資本形成總額（張軍等，2004）。比較三種方式，「累積」概念是在MPS體系下度量投入的指標，目前已不再適用；全社會固定資產投資雖然時間序列長，資料可信，但與國際統計慣例不合；

資本形成總額中包含固定資本形成總額和存貨兩個部分，其中存貨包括產成品、在製品和原材料，主要是廠商為便利生產銜接和銷售及時供貨而必需的儲備。由於存貨可能經常被當做「殘差項」平衡生產和支出帳戶，並且在省際估計中存在相當大的困難，因此選擇了固定資本形成總額作為當年投資額。但在實際計算中，還需要對固定資本形成總額進行折舊。

下面利用張軍等（2004）的計算方法，在1952年不變價計算的2000年資本存量數據的基礎上推算以1978年不變價計算的2007年中國各省區市資本存量數據，用於模型分析。由於他們提供的數據是將重慶並入四川計算，為保持數據的統一，這裡也採取了相同的處理方法。計算所需數據如表4-1、表4-2、表4-3、表4-4所示：

表4-1　中國各地區2000年資本存量（1952年不變價）

單位：億元

地區	資本存量	地區	資本存量	地區	資本存量
北京	6,470.434	浙江	2,687.221	海南	279.000
天津	1,890.374	安徽	350.958,7	四川	4,378.641
河北	2,679.245	福建	1,057.711	貴州	528.630
山西	1,560.277	江西	460.167	雲南	17.406
內蒙古	945.274	山東	6,187.429	陝西	1,640.052
遼寧	279.151	河南	2,947.983	甘肅	1,428.962
吉林	781.336	湖北	842.586	青海	129.125
黑龍江	1,249.221	湖南	1,543.103	寧夏	142.273
上海	6,372.832	廣東	3,890.842	新疆	1,133.102
江蘇	3,897.590	廣西	854.733		

表 4-2　　　　中國各地區固定資產投資價格指數

省份	1978/1952	2000/1952	2000/1978	比較列	省份	1978/1952	2000/1952	2000/1978	比較列
華北					華南				
北京	0.761	1.430	1.879	1.864	河南	0.942	3.106	3.297	3.211
天津	0.748	2.720	3.636	1.685	湖北	1.315	4.680	3.559	3.710
河北	1.113	3.181	2.858	2.834	湖南	0.812	4.567	5.624	5.512
山西	1.012	2.030	2.006	1.964	廣東	1.081	3.824	3.537	3.639
內蒙古	1.005	2.591	2.578	2.531	廣西	1.067	3.734	3.499	3.442
東北					海南	1.000	4.569	4.569	—
遼寧	2.873	9.472	3.297	3.801	西南				
吉林	1.093	3.949	3.613	3.552	四川	0.721	3.248	4.504	4.302
黑龍江	0.963	4.784	4.968	4.898	貴州	0.978	4.414	4.513	4.355
華東					雲南	7.239	32.683	4.515	4.443
上海	0.692	2.451	3.542	3.552	西藏	1.000	2.078	2.078	—
江蘇	1.328	3.022	2.276	2.247	西北				
浙江	1.119	3.591	3.209	3.196	陝西	0.764	3.391	4.438	4.13
安徽	1.721	8.925	5.185	5.143	甘肅	0.732	1.606	2.194	2.129
福建	1.005	5.909	5.880	5.839	青海	1.394	4.104	2.944	2.906
江西	1.682	4.239	2.520	1.897	寧夏	1.223	4.714	3.854	3.704
山東	0.875	2.714	3.102	3.046	新疆	0.864	3.752	4.343	4.211

數據來源：張軍，吳桂英，張吉鵬．2004．中國省際物質資本存量估算：1952-2000．經濟研究，(10)：35-44。其中，1978/1952 和 2000/1952 分別指本章以 1952 年價格為 1 而計算的 1978 年和 2000 年的固定資產投資價格指數，2000/1978 指以 1978 年為 1 而計算的 2000 年的固定資產投資價格指數。「比較列」是「林毅夫發展論壇」提供的《1952—1999 中國經濟增長數據》中給出的以 1978 年為基年的 2000 年或 1999 年各省的投資平減指數。

表4-3　中國各地區當年價固定資本形成總額（2001—2007年）

單位：億元

地區	2001年	2002年	2003年	2004年	2005年	2006年	2007年
北京	1,602.06	1,951.88	2,437.88	2,844.29	3,204.65	3,551.17	4,082.56
天津	805.34	926.65	1,180.54	1,446.49	1,753.92	2,122.35	2,681.35
河北	1,947.60	2,058.08	2,512.48	3,279.73	4,239.12	5,094.34	6,211.94
山西	743.00	876.70	1,113.2	1,479.5	1,897.39	2,345.57	2,909.61
內蒙古	510.02	729.37	1,228.26	1,817.73	2,685.22	3,353.88	4,356.39
遼寧	1,444.15	1,627.56	2,102.10	2,925.14	3,705.99	4,755.78	6,031.3
吉林	699.70	824.20	998.10	1,291.90	1,743.66	2,804.29	4,003.18
黑龍江	1,046.80	1,152.90	1,261.30	1,509.90	1,788.67	2,232.04	2,877.84
上海	2,099.99	2,366.10	2,643.07	3,239.04	3,743.42	4,272.85	5,041.40
江蘇	3,543.16	3,994.23	5,480.8	6,972.68	8,739.71	10,021.43	11,594.62
浙江	2,645.40	3,255.13	4,479.98	5,563.87	6,269.16	7,065.65	8,201.28
安徽	1,022.49	1,146.09	1,378.96	1,903.05	2,224.31	2,682.62	3,346.26
福建	1,269.93	1,383.54	1,672.63	2,100.48	2,654.95	3,310.15	4,344.88
江西	696.70	931.80	1,269.92	1,633.53	1,922.1	2,282.41	2,688.33
山東	3,518.2	4,192.60	5,180.8	6,896.07	8,798.79	10,408.84	11,784.57
河南	1,790.76	2,018.58	2,431.76	3,217.1	4,506.75	6,007.32	8,043.35
湖北	1,610.93	1,699.78	1,875.78	2,325.87	2,804.01	3,542.47	4,371.14
湖南	1,233.17	1,380.89	1,613.12	1,978.31	2,569.24	3,125.38	3,945.45
廣東	3,447.50	4,023.70	4,986.50	5,957.90	7,407.54	8,465.26	9,920.99
廣西	735.60	842.70	990.70	1,296.55	1,699.04	2,201.15	2,831.62
海南	208.20	227.50	265.60	311.05	363.37	423.88	495.50
四川	2,322.55	2,719.98	3,365.67	4,102.75	5,042.57	6,127.83	7,593.31

表4-3(續)

地區	2001年	2002年	2003年	2004年	2005年	2006年	2007年
貴州	575.89	663.89	768.76	871.46	996.24	1,152.95	1,361.79
雲南	770.20	860.67	1,068.51	1,352.78	1,755.3	2,156.84	2,616.77
陝西	887.20	1,016.90	1,338.70	1,597.20	2,035.20	2,659.37	3,152.28
甘肅	463.13	534.75	617.62	756.02	874.52	1,027.78	1,221.96
青海	202.17	244.00	282.18	314.93	364.08	411.68	480.43
寧夏	195.81	230.83	318.21	379.72	444.82	515.26	621.82
新疆	720.10	856.70	1,079.20	1,239.50	1,485.17	1,825.75	2,005.00

表4-4　中國各省市區固定資產投資價格指數（2001—2007年）

（上年＝100）

單位:%

地區	2000/1978	2001年	2002年	2003年	2004年	2005年	2006年	2007年
北京	1.879	100.6	100.4	102.2	104.29	100.71	101.8	102.1
天津	3.636	99.7	99.5	102.59	107.33	101.16	102.9	103.6
河北	2.858	99.9	99.5	102.26	107.01	101.85	102.6	102.4
山西	2.006	101.7	100.5	102.92	105.21	102.99	102.6	102.4
內蒙古	2.578	100.8	101	102.6	105	103.69	103.9	105.2
遼寧	3.297	100.4	100.7	102.53	104.81	102.79	101.5	104.2
吉林	3.613	101.1	101.2	101.09	104.1	101.96	102	105.9
黑龍江	4.968	100.1	100.2	102.34	104.98	102.2	103.4	109.1
上海	3.542	100.7	100.3	102.43	106.7	100.84	102	104.1
江蘇	2.276	100.8	101.7	104.27	109.36	100.87	103.5	104.5
浙江	3.209	100.4	100.5	103.48	105.94	100.33	104.5	105.2
安徽	5.185	99.5	101.1	103.5	106.05	101.04	105.9	103.7

表4-4(續)

地區	2000/1978	2001年	2002年	2003年	2004年	2005年	2006年	2007年
福建	5.88	99.5	99.7	101.42	103.38	100.74	103.7	109.2
江西	2.52	98.9	100	105.09	107.36	100.51	107.7	106.2
山東	3.102	101.4	101.1	102.91	107.42	102.85	103.4	104.6
河南	3.297	100.4	98.7	103.8	110.12	101.42	101.7	101.9
湖北	3.559	100.1	99.8	103.33	105.96	102.18	103.6	104.2
湖南	5.624	101.3	100.3	102.79	105.52	103.64	105.2	103.4
廣東	3.537	100.2	99.7	102.22	106.4	101.55	101.7	100.5
廣西	3.499	102	100.3	101.79	104.62	101.35	101.9	101.1
海南	4.569	100.3	98.2	103.23	105.58	101.21	102.5	102.2
四川	4.504	101.5	100.5	102.23	106.75	103.86	103	103.4
貴州	4.513	100.4	100.2	102.28	104.89	101.35	100.6	100.9
雲南	4.515	101	100	102.21	107.98	104.56	104.1	107
陝西	4.438	103.6	102	101.65	104.45	103.72	100.5	100.6
甘肅	2.194	102	100.2	101.72	105.49	102.16	100.8	102.3
青海	2.944	100.3	103.2	102	102.8	102.1	102	102.6
寧夏	3.854	101.5	100.7	102.27	104.94	102.06	99.9	101
新疆	4.343	102.5	100.2	103.44	104.5	102.79	102	102.8

　　根據以上資料，利用永續盤存法公式，上年資本存量按9.6%的折舊率進行折舊，計算得到以1978年為基期的資本存量數據，並在此基礎上計算出以當年價表示的2007年各省市區資本存量數據。如表4-5、表4-6所示：

表4-5　　中國各省市區以1978年不變價計算的
資本存量數據（2000—2007年）

單位：億元

地區	2000年	2001年	2002年	2003年	2004年	2005年	2006年	2007年
北京	6,470.434	6,696.8	7,082.384	7,659.382	8,330.199	9,103.599	9,942.029	10,915.72
天津	1,890.374	1,931.056	2,002.58	2,129.364	2,289.151	2,505.941	2,778.734	3,138.014
河北	2,679.245	3,104.175	3,530.63	4,056.55	4,722.132	5,607.663	6,637.517	7,867.718
山西	1,560.277	1,774.688	2,031.913	2,364.389	2,803.816	3,364.475	4,041.327	4,864.565
內蒙古	945.273,6	1,050.793	1,227.813	1,566.062	2,058.597	2,776.858	3,611.296	4,624.042
遼寧	279.150,7	688.626,6	1,110.783	1,619.211	2,280.37	3,067.963	4,045.972	5,206.341
吉林	781.335,8	897.882,2	1,034.649	1,202.418	1,419.087	1,722.47	2,250.275	2,968.622
黑龍江	1,249.221	1,339.794	1,442.544	1,551.397	1,684.505	1,849.714	2,066.685	2,334.551
上海	6,372.832	6,349.802	6,401.605	6,508.329	6,711.94	7,017.029	7,405.858	7,899.091
江蘇	3,897.59	5,067.815	6,293.209	7,941.903	9,800.246	12,116.01	14,560.79	17,157.49
浙江	2,687.221	3,250.332	3,943.608	4,902.079	5,998.92	7,183.348	8,392.284	9,681.378
安徽	350.958,7	515.459,2	685.708,3	875.32	1,123.701	1,400.354	1,703.841	2,067.038
福建	1,057.711	1,173.231	1,297.791	1,455.938	1,659.618	1,931.217	2,263.917	2,669.338
江西	460.166,5	695.533,7	1,002.637	1,391.246	1,838.62	2,342.202	2,867.189	3,423.573
山東	6,187.429	6,711.948	7,386.017	8,260.059	9,428.773	10,957.19	12,689.52	14,484.91
河南	2,947.983	3,205.961	3,516.029	3,895.547	4,383.027	5,152.145	6,217.102	7,669.463
湖北	842.585,6	1,213.881	1,575.428	1,934.766	2,346.51	2,826.185	3,414.517	4,104.706
湖南	1,543.103	1,611.421	1,698.384	1,809.976	1,955.411	2,167.67	2,422.081	2,754.227
廣東	3,890.842	4,490.072	5,197.773	6,079.368	7,046.056	8,267.732	9,606.898	11,171.85
廣西	854.732,9	978.787,8	1,120.236	1,284.582	1,501.376	1,797.004	2,183.588	2,685.375
海南	279	297.647,7	319.626,6	346.115,1	376.305,6	413.379,1	457.000,4	508.413,3
四川	4,378.641	4,467.471	4,631.538	4,902.982	5,254.744	5,728.999	6,328.658	7,079.151
貴州	528.629,9	604.979,9	693.129,4	792.140,6	895.013,8	1,010.905	1,146.024	1,307.778
雲南	17.405,72	184.632,7	355.645,2	550.751,5	766.668,3	1,026.625	1,321.788	1,641.322
陝西	1,640.052	1,675.571	1,731.552	1,846.143	1,989.685	2,192.753	2,494.623	2,858.858
甘肅	1,428.962	1,498.733	1,593.331	1,711.146	1,861.08	2,038.184	2,257.316	2,522.692
青海	129.124,8	185.195,3	247.486,9	314.511,8	382.879	457.721,4	537.495,1	626.612,1
寧夏	142.273,1	178.671	220.116,9	277.973,2	341.106,5	411.454	491.493,2	587.141,9
新疆	1,133.102	1,186.087	1,264.287	1,376.817	1,501.718	1,657.22	1,859.29	2,066.618

表4-6　按當年價計算的2007年各省市區資本存量數據

單位：億元

地區	資本存量	地區	資本存量	地區	資本存量
北京	23,112.68	浙江	37,904.07	海南	2,643.85
天津	13,440.24	安徽	13,130.78	四川	39,582.07
河北	26,172.07	福建	18,623.56	貴州	6,552.97
山西	11,685.87	江西	11,066.998	雲南	9,620.77
內蒙古	14,818.06	山東	56,642.97	陝西	14,927.33
遼寧	20,274.64	河南	30,103.50	甘肅	6,394.45
吉林	12,718.60	湖北	17,625.30	青海	2,139.36
黑龍江	14,409.04	湖南	19,244.41	寧夏	2,556.12
上海	33,069.79	廣東	44,562.28	新疆	10,739.66
江蘇	49,801.67	廣西	10,688.55		

4.2.2　人力資本適配度與地區資本存量相關性分析

考察人力資本適配度與資本存量的關係，其相關係數為0.649,5，存在顯著正相關關係。繪製以適配度為橫軸、資本存量為縱軸的散點圖顯示，適配度較低的地區資本存量普遍偏低，適配度較高的地區資本存量總體也較高。但並非適配度越好資本存量越高，適配度最高的上海和北京，其資本存量都不是最高的。

圖4-2中顯示人力資本適配度在不同區間時，地區資本存量有著較大的差異：

（1）人力資本適配度在0.3以下時表現為低適配度低資本存量的線性關係，這一線性關係斜率陡峭，對其迴歸發現適配度每增長1個單位，該類地區的資本存量平均增加190,821.1億元。這說明人力資本能力的高低確實制約了資本的形成從而影響到了經濟增長的水平和效益。

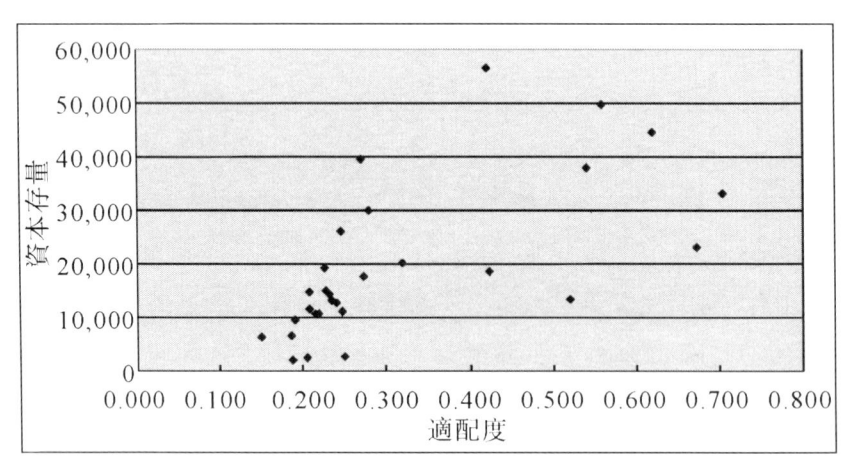

图 4-2 人力資本適配度與資本存量散點圖

（2）人力資本適配度在 0.3 以上時資本存量表現出高度發散的趨向。說明在人力資本適應能力較強的地區，資本投入行為存在較大的差異。

若以人力資本適配度在 0.3～0.5 區間為中等適配度，大於 0.5 為高適配度的話，可將 30 個省市區劃分為以下五個類型，如表 4-7 所示：

表 4-7 按適配度與資本存量對應關係的地區分類

地區類型	適配度區間	包含的省市區
低適配度低資本存量	小於 0.3	青海、寧夏、海南、甘肅、貴州、雲南、廣西、新疆、江西、山西、吉林、安徽、黑龍江、內蒙古、陝西、湖北、湖南、河北、四川（重慶）、河南
中適配度低資本存量	0.3～0.5	福建、遼寧
中適配度高資本存量	0.3～0.5	山東
高適配度高資本存量	大於 0.5	廣東、江蘇、浙江、
高適配度低資本存量	大於 0.5	上海、北京、天津

由此證明地區人力資本水平及其適應能力是吸引資本投入和形成的必要條件，並能在其經濟起步時期成為經濟增長的巨大動力。但當經濟增長水平達到一個穩態時，資本存量在經濟增長中的重要性開始降低，技術進步、知識累積與人力資本適應性在生產中開始發揮重要作用。

　　跨省資本存量數據提示我們，當前中國大部分地區的經濟增長還是主要依靠資本投入，在適配度最低的地區，其資本存量也最低，隨著人力資本適配度的提高，其資本存量也越來越高。這說明人力資本水平及其適應能力有助於資本形成，並能對經濟增長產生重要的推動作用。

4.3　人力資本適配度與人力資本投資

4.3.1　中國省際人力資本投資水平估算

　　侯風雲（2007）在利用形成基礎法來核算人力資本存量時考慮了如下三方面的人力資本直接投資：

　　（1）公共投資形成的人力資本，用財政支出中的文教衛生事業費代表。

　　（2）城鄉居民個人投資形成的人力資本，分別用城鄉居民的醫療保健與文化教育娛樂服務支出來表示。

　　（3）科學研究費用支出，用科技經費內部支出指標來代表。

　　此外，侯風雲還加入了這幾項投資的投資機會成本以及受教育的時間機會成本，並計算了人力資本的折舊率。本書考察2007年這一時間截面上中國各省市區的人力資本投資水平，不須考慮其他機會成本和人力資本折舊，只對直接投資部分進行加總和分析，如表4-8、表4-9所示：

表 4-8 中國省際人力資本投資數據

地區	地區財政支出中科學教育文化衛生支出					人均醫療保健支出		人均教育文化娛樂服務		科技活動內部支出
	教育	科學技術	文化體育傳媒	醫療衛生		城鎮	農村	城鎮	農村	經費內部支出
單位	萬元	萬元	萬元	萬元		元	元	元	元	萬元
北京	2,630.041	907.420	536.194	1,189.527		1,294.07	629.56	2,383.96	870.12	8,254,203.3
天津	1,100.248	223.384	159.616	330.964		1,163.98	306.19	1,639.83	312.07	2,321,685.4
河北	2,833.938	174.050	207.547	781.096		833.51	188.06	895.06	243.3	1,630,384.3
山西	1,812.182	157.971	268.075	520.956		640.22	170.85	1,054.05	370.97	1,576,229.1
內蒙古	1,535.674	92.228	277.115	438.658		719.13	281.46	1,245.09	423.75	483,001.5
遼寧	2,521.317	386.889	247.967	666.000		879.08	265.01	1,052.94	362.78	2,888,715
吉林	1,444.160	110.870	223.293	423.106		854.8	311.37	997.75	339.77	1,082,178.9
黑龍江	1,997.524	174.743	203.474	575.415		729.55	272.49	938.21	312.32	1,068,498.5
上海	2,833.335	1,057.666	434.059	888.313		857.11	571.06	2,653.67	857.47	5,287,127.8
江蘇	4,928.972	687.266	481.582	1,152.882		689.37	263.85	1,699.26	642.52	9,001,515.5
浙江	3,838.886	715.442	493.408	1,122.822		859.06	452.44	2,158.32	750.69	5,093,635.3
安徽	2,129.665	159.551	262.580	654.132		554.44	177.04	1,169.99	283.17	1,956,171.3
福建	1,836.550	212.670	182.941	519.887		502.41	174.12	1,426.34	356.26	1,727,614.4

表4-8(續)

地區	地區財政支出中科學教育文化衛生支出					人均醫療保健支出		人均教育文化娛樂服務		科技活動內部支出
	教育	科學技術	文化體育傳媒	醫療衛生		城鎮	農村	城鎮	農村	經費內部支出
單位	萬元	萬元	萬元	萬元		元	元	元	元	萬元
江西	1,738.076	87,373	157,990	580,717		385.91	167.71	973.38	252.78	794,986.9
山東	4,533.574	464,073	441,092	996,496		708.58	230.84	1,191.18	424.89	6,021,573.7
河南	3,661.231	252,287	333,802	987,788		626.55	173.19	936.55	212.36	2,208,101
湖北	2,171.988	187,641	249,202	661,139		525.32	178.77	1,120.29	284.13	2,168,425.2
湖南	2,285.201	204,932	201,513	591,970		668.53	219.95	1,285.24	293.89	1,481,278
廣東	5,758.977	1,192.631	530,343	1,407.693		752.52	199.31	1,994.86	254.94	6,842,204.6
廣西	1,893.837	131,873	214,101	507,547		542.07	149.01	1,050.04	172.45	658,589
海南	403.268	27,904	45,660	124,560		503.78	95.55	837.83	223.98	109,631.5
重慶	1,215.466	110,513	105,811	339,705		749.51	168.57	1,237.35	195.97	1,055,732.3
四川	2,928.602	207,763	285,886	988,711		511.78	174.75	1,031.81	177.19	2,901,397.9
貴州	1,662.714	99,809	157,071	487,893		354.52	79.31	1,035.96	147.31	353,022.6
雲南	1,905.371	130,596	198,391	771,123		631.7	167.92	705.51	181.73	601,433.8
陝西	1,845.157	132,972	217,303	499,056		678.38	222.51	1,230.74	304.54	2,098,191.1

表4-8（續）

地區	地區財政支出中科學教育文化衛生支出					人均醫療保健支出		人均教育文化娛樂服務		科技活動經費內部支出
	教育	科學技術	文化體育傳媒	醫療衛生		城鎮	農村	城鎮	農村	
單位	萬元	萬元	萬元	萬元		元	元	元	元	萬元
甘肅	1,239.653	73,129	152,349	410.319		564.25	149.82	1,058.66	208.9	603,972.1
青海	348,523	25,239	69,447	195,046		613.24	229.28	953.87	135.13	117,551.3
寧夏	473,068	47,857	70,629	114,174		645.98	239.4	863.36	192	198,328.5
新疆	1,427,688	128,401	233,506	458,154		598.78	210.69	896.79	166.27	328,088.3

註：《2008年中國統計年鑒》的財政篇統計數據發生了較大變化，未繼續統計科學教育衛生三項費用，而是統計為各地區財政支出中分別用於教育、科學技術、文化體育傳媒和醫療衛生的費用。按照《2008年中國統計年鑒》關於財政支出項目的解釋，其中教育支出指政府教育事務支出，包括教育行政管理、學前教育、小學教育、初中教育、普通高中教育、初等職業教育、中專教育、技校教育、職業高中教育、高等教育、留學生教育、特殊教育、廣播電視教育、幹部繼續教育、教育機關服務、科學技術支出用於科學技術方面的支出，包括科學技術管理事務支出、基礎研究、應用研究、技術研究與開發、科技條件與服務、社會科學、科學技術普及、科技交流與合作等；文化教育與傳媒支出指政府在文化、文物、體育、廣播影視、新聞出版等方面的支出。而醫療衛生支出指財政府醫療衛生方面的支出，包括醫療衛生管理事務支出、醫療服務支出、醫療保障、醫療預防控製支出、衛生監督支出、婦幼保健支出、農村衛生支出等。從這些支出所涵蓋的範圍來看基本均是人力資本投資的重要內容，與人力資本概念和內涵統一相吻合。

資料來源：地區財政支出數據來源於《2008年中國統計年鑒》（電子版）表7-8、表9-16、表9-26；科技活動經費內部支出來源於《2008中國科技統計年鑒》（光盤版）第1-16頁。

表4-9　　　　　　中國省際城鄉居民人口數　　　　單位：萬人

地區	總人口	城鎮人口	農村人口	地區	總人口	城鎮人口	農村人口
北京	1,633	1,379.89	253.12	河南	9,360	3,214.22	6,145.78
天津	1,115	850.86	264.14	湖北	5,699	2,524.66	3,174.34
河北	6,943	2,795.00	4,148.00	湖南	6,355	2,570.60	3,784.40
山西	3,393	1,493.94	1,899.06	廣東	9,449	5,966.10	3,482.90
內蒙古	2,405	1,206.11	1,198.89	廣西	4,768	1,727.92	3,040.08
遼寧	4,298	2,544.42	1,753.58	海南	845	398.84	446.16
吉林	2,730	1,451.27	1,278.73	重慶	2,816	1,361.25	1,454.75
黑龍江	3,824	2,061.14	1,762.86	四川	8,127	2,893.21	5,233.79
上海	1,858	1,648.05	209.95	貴州	3,762	1,062.39	2,699.61
江蘇	7,625	4,056.50	3,568.50	雲南	4,514	1,426.42	3,087.58
浙江	5,060	2,894.32	2,165.68	陝西	3,748	1,522.44	2,225.56
安徽	6,118	2,367.67	3,750.33	甘肅	2,617	826.71	1,790.29
福建	3,581	1,743.95	1,837.05	青海	552	221.19	330.81
江西	4,368	1,738.46	2,629.54	寧夏	610	268.52	341.48
山東	9,367	4,379.07	4,987.93	新疆	2,095	820.19	1,274.81

根據表4-8與4-9的數據，對三項人力資本投資進行匯總，得到各省市區的人力資本投資總額與投資水平數據，如表4-10所示：

表4-10　　　　中國省際人力資本投資規模與水平

地區	人力資本投資總額（億元）	勞均人力資本投資（元）	地區	人力資本投資總額（億元）	勞均人力資本投資（元）
北京	1,897.22	17,070.27	河南	1,483.69	2,570.17
天津	668.48	15,447.86	湖北	1,106.24	4,003.73
河北	1,224.76	3,433.42	湖南	1,173.18	3,129.03
山西	789.55	5,093.55	廣東	3,370.51	6,368.05

表4-10(續)

地區	人力資本投資總額（億元）	勞均人力資本投資（元）	地區	人力資本投資總額（億元）	勞均人力資本投資（元）
內蒙古	604.12	5,585.78	廣西	713.43	2,585.24
遼寧	1,272.76	6,144.87	海南	138.87	3,347.73
吉林	680.48	6,207.69	重慶	606.22	3,387.60
黑龍江	848.81	5,113.72	四川	1,362.03	2,850.24
上海	1,658.64	18,921.57	貴州	484.95	2,124.15
江蘇	2,917.61	6,958.00	雲南	659.39	2,535.32
浙江	2,260.31	6,251.92	陝西	887.22	4,616.11
安徽	1,097.09	3,049.49	甘肅	446.33	3,247.52
福建	881.76	4,411.32	青海	122.30	4,426.52
江西	682.79	3,109.75	寧夏	145.67	4,707.16
山東	2,404.67	4,569.71	新疆	428.30	5,348.19

4.3.2 人力資本適配度與人力資本投資水平的相關性分析

由於有些省份人口基數大會影響到人力資本投資水平高低的判斷，因此用勞均人力資本投資額表明地區的人力資本投資水平。

相關性檢驗表明人力資本適配度與各省市區人力資本投資水平有著密切的相關關係。儘管人類有的能力不需要投資，但實證結果顯示，人力資本投資對於提高人力資本適配度有著相當重要的作用。反過來，我們也可以認為，如果一個地區的勞動者具有更高的生產率，也具備更好的流動彈性和適應能力，相應地也會產生更多的人力資本投資需求。

繪製人力資本適配度與人力資本投資水平的散點圖，如圖3-5所示。圖中顯示，人力資本適配度較低的地區（小於0.3）通常也對應較低的人力資本投資水平（小於6,000元），人力資本適配度越高的地區，總體來看人力資本投資水平是上升的，

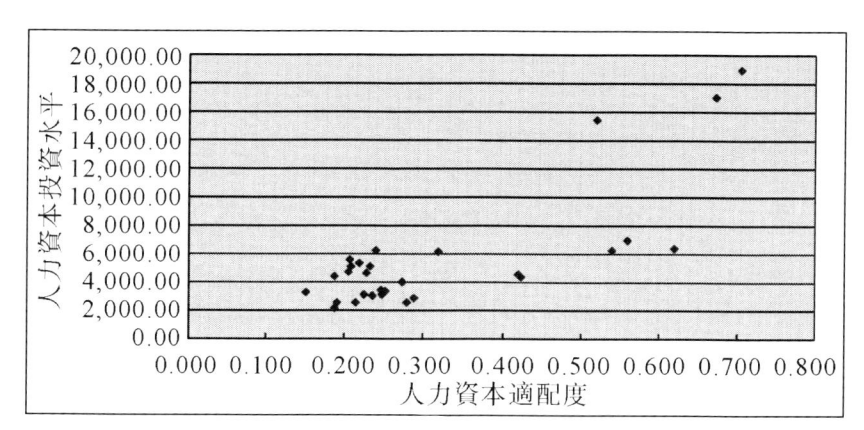

圖4-3 人力資本適配度與人力資本投資水平散點圖

但出現的分化較為嚴重，人力資本適配度排名靠前的省市區投資水平差異較大，如表4-11所示：

表4-11 按人力資本投資與人力資本適配度對應關係的地區分類

人力資本適配度	人力資本投資水平（元）	包含的省市區
低 <0.3	<6,000	青海、寧夏、海南、甘肅、貴州、雲南、廣西、新疆、江西、山西、安徽、黑龍江、內蒙古、陝西、湖北、湖南、河北、四川、重慶、河南
	6,000~8,000	吉林
中 0.3~0.5	<6,000	福建、山東
	6,000~8,000	遼寧
高 >0.5	6,000~8,000	廣東、江蘇、浙江、
	>14,000	上海、北京、天津

表4-11按照圖表顯示的區間對適配度和人力資本投資水平進行了劃分，結果顯示30個省市區中，有20個地區人力資本

投資水平小於6,000元/人，這20個地區中有19個地區的人力資本適配度小於0.3。而人力資本適配度大於0.5的地區，人力資本投資水平至少少於6,000元/人以上。這說明人力資本投資水平與人力資本適配度存在相互制約和相互促進的關係。

此外，在人力資本適配度較高的地區，其人力資本投資水平總體較高，但差異較大。廣東、江蘇、浙江的人力資本投資水平相對較低，上海、北京和天津則較高，這種差異源於其不同的經濟增長軌跡。后者的經濟增長和發展能力主要是建立在知識累積、技術進步和高素質勞動力基礎上的，而前者的經濟活力主要源於結構轉換和市場化進程，乃至人力資本天賦。因此，人力資本投資是提高人力資本適配度的必要條件，但還要受政策環境、制度、地區文化、區位因素等的影響。

4.4 人力資本適配度與技術進步和知識累積

在索洛模型中，技術進步和知識累積在經濟增長中的作用被視為一個「余值」，對經濟增長要素的設定不同，這個余值的結果就大不相同。因此，對經濟增長源泉的探索過程實際上就是將經濟增長要素無限細化和分解的過程。鑒於「余值」如此難以把握，用知識累積適配指數來衡量各地區間知識累積和技術進步的程度，也許比「余值」更接近真實。

二者相關係數高達0.929,3，說明人力資本適配度與地區知識累積程度的變化方向一致，並且有著非常密切的正向關係。從圖4-4中清楚看到，人力資本適配度與知識累積水平之間的關係仍然可以按適配度的高低分成三個區間，即小於0.3，0.3~0.5和大於0.5，這與前面的分析高度一致。下面我們來

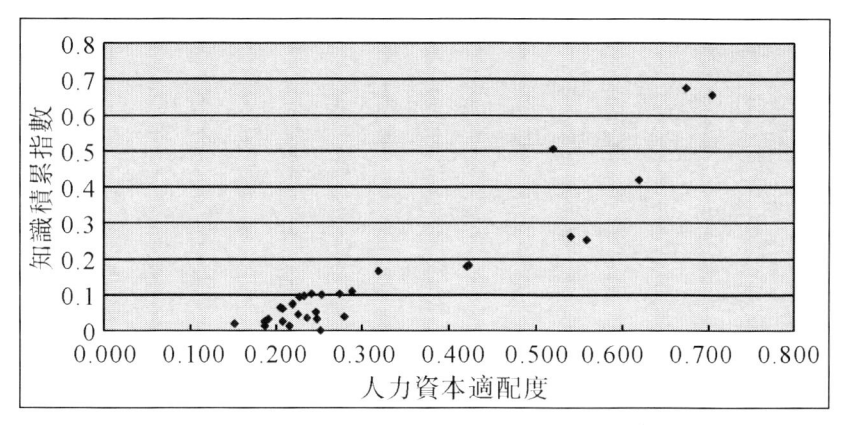

圖 4-4　人力資本適配度與地區知識累積指數散點圖

觀察人力資本適配度與地區知識累積和技術進步水平的對應關係。如表 4-12 所示：

表 4-12　人力資本適配度與地區知識累積和技術進步水平對應的地區分類

地區類型	適配度	包含的省市區
雙低	<0.3	青海、寧夏、海南、甘肅、貴州、雲南、廣西、新疆、江西、山西、安徽、吉林、黑龍江、內蒙古、陝西、湖北、湖南、河北、四川、重慶、河南
居中	0.3~0.5	福建、山東、遼寧
雙高	>0.5	廣東、江蘇、浙江、天津、北京、上海

4.5　人力資本適配度與產業結構優化

經濟增長理論認為產業結構優化能夠有效促進經濟增長，

很多學者將產業結構作為經濟增長模型的解釋變量之一納入經濟增長模型。

按照學者們的研究，產業結構優化的過程就是產業結構高度不斷提升的過程。實證研究中，多採用與國際先進水平做比較來判斷產業結構高度，如龔仰軍（2002）的研究就是採用中國與世界發達國家產業結構相似係數來反應產業結構高度。此外，根據國內外學者對產業結構演變趨勢的描述，產業結構優化表現在第三產業比重大幅提高和知識型產業的不斷發展。因此，本書採取將各地區第三產業增加值比重與世界發達國家第三產業增加值比重的一般水平相比，構造產業結構高度指標，其值越接近於1則表明該地區的產業結構越趨於合理。

$$產業結構高度 = \frac{第三產業增加值比重}{發達國家第三產業增加值比重}$$

根據國家統計局公布的數據，以 OECD 國家 2004 年的第三產業增加值比重作為發達國家數據，計算得到各地區產業結構高度，如表 4-13 所示：

表 4-13　　　　　　各地區產業結構高度

地區	產業結構高度	地區	產業結構高度	地區	產業結構高度
北京	0.996	浙江	0.562	海南	0.562
天津	0.559	安徽	0.539	重慶	0.586
河北	0.470	福建	0.552	四川	0.504
山西	0.488	江西	0.441	貴州	0.577
內蒙古	0.493	山東	0.461	雲南	0.540
遼寧	0.506	河南	0.416	陝西	0.482
吉林	0.529	湖北	0.581	甘肅	0.530
黑龍江	0.479	湖南	0.550	青海	0.497
上海	0.727	廣東	0.598	寧夏	0.528
江蘇	0.517	廣西	0.530	新疆	0.489

將各地區產業結構高度與人力資本適配度繪製散點圖，發現人力資本適配度的提高對產業結構高度普遍缺乏影響力，只有上海和北京產業結構優於整體水平。其余地區的產業結構高度為0.4～0.6，即第三產業比重僅為發達國家第三產業比重的40%～60%。計算產業結構高度與人力資本適配度的相關係數為0.612，而剔除了上海、北京和廣東數據以後相關係數僅為0.112，這也說明除少數較發達地區以外，中國產業結構與服務經濟和知識經濟時代產業結構特徵差距甚遠，人力資本尚未在產業結構調整中發揮出重要作用，如圖4-5所示：

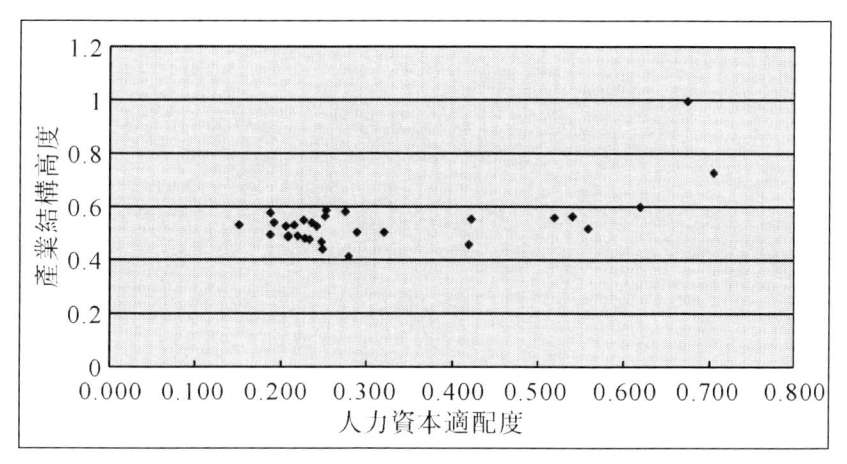

圖4-5　人力資本適配度與產業結構高度散點圖

4.6　人力資本適配度與制度變遷

中國的制度變遷因素主要歸結為對外開放和市場化進程。由於其內容與表現豐富多樣，為恰當反應對外開放與市場化水平的差異，仍然沿襲前文的研究方法，借助綜合指數方法分別

構建對外開放指數和市場化指數,以研究人力資本適配度與對外開放和市場化程度的關係。

4.6.1 對外開放指數

王文博等(2002)用進出口總值占 GDP 比重、對外資產負債總額、外商投資總額占 GDP 的比重這三個指標進行加權平均計算對外開放指數。而張偉等(2005)則採用了出口額占 GDP 之比重和外商直接投資占全社會投資總額的比重兩項指標反應經濟的外向化程度。由於缺乏各地區對外資產負債額數據,因此我們利用進出口總值占 GDP 比重(JCHK)和外商投資總額占 GDP 比重(WSTZ)來求出對外開放指數(DWKF)。由於指標較少,確定權數的方法也可以相應簡單,採用客觀賦權法中的變異系數法來給定權數。

分析中我們發現,海南的數據較為特殊,其進出口總值占 GDP 比重相對偏低,而外商投資總額占 GDP 比重這一指標卻相當高。剔除海南數據后對其他省市區的這兩個指標做相關分析,其相關係數達到 0.861,4,加入海南數據該相關係數僅為 0.245,1。說明海南數據對綜合評價結果帶來極大影響,視為偏離程度過大,不能代表現象內在的邏輯關係,在綜合分析中將其剔除掉。計算各省市區 2006—2007 年外商投資總額的標準差變異系數以及外商投資企業數和外商投資總額的增長率指標。結果表明,除海南高達 1.099 的變異系數以外,其他地區的外商投資總額數據基本平穩,變異系數相對較高的有重慶、寧夏和山西,分別為 0.509,5,0.476,4 和 0.327,4,其中寧夏為淨減少,而其余 26 個地區的外商投資總額變異系數都在 0.2 以下。

剔除海南數據后,重新計算 JCHK 和 WSTZ 數據的標準差變異系數,分別為 1.247,4 和 0.908,2,對這兩個數據進行歸一化分別得到 JCHK 和 WSTZ 的權重為 0.578,7 和 0.421,3。對 JCHK

和 WSTZ 數據進行歸一化處理后利用該權重進行加權平均即可得到各地區的對外開放指數（DWKF）。各指標原始數據與 DWKF 指數，如表 4 - 14 所示：

表 4 - 14　　　　對外開放指數計算結果及排序

地區	進出口總值（萬美元）	外商投資總額（億美元）	GDP（億元）	WSTZ	JCHK	DWKF 指數	DWKF 排序
北京	19,299,976	876.214,3	9,353.32	0.712	1.569	0.689	3
天津	7,144,973	828.879,3	5,050.4	1.248	1.076	0.669	4
河北	2,552,342	291.131,1	13,709.5	0.161	0.142	0.054	22
山西	1,157,948	177.867,1	5,733.35	0.236	0.154	0.078	16
內蒙古	773,588.5	171.484,6	6,091.12	0.214	0.097	0.053	23
遼寧	5,947,435	1,087.667	11,023.49	0.750	0.410	0.306	8
吉林	1,029,800	313.340,8	5,284.69	0.451	0.148	0.135	10
黑龍江	1,729,659	144.893,9	7,065	0.156	0.186	0.067	18
上海	28,285,388	2,570.318	12,188.85	1.603	1.765	1.000	1
江蘇	34,947,179	3,820.296	25,741.15	1.129	1.032	0.621	5
浙江	17,684,737	1,456.583	18,780.44	0.590	0.716	0.366	7
安徽	1,593,229	237.545,5	7,364.18	0.245	0.165	0.085	13
福建	7,444,738	1,027.061	9,249.13	0.844	0.612	0.401	6
江西	944,854.1	289.685,2	5,500.25	0.400	0.131	0.116	11
山東	12,247,444	963.105,5	25,965.91	0.282	0.359	0.161	9
河南	1,278,513	256.563,6	15,012.46	0.130	0.065	0.019	28
湖北	1,486,895	313.448,1	9,230.68	0.258	0.122	0.074	17
湖南	968,585.3	243.237	9,200	0.201	0.080	0.044	26
廣東	63,418,595	3,507.049	31,084.4	0.858	1.551	0.723	2
廣西	925,899.7	219.078,6	5,955.65	0.280	0.118	0.078	15
重慶	743,794.4	197.737,3	4,122.51	0.365	0.137	0.108	12
四川	1,437,812	268.677,7	10,505.3	0.194	0.104	0.050	24
貴州	227,030	27.974,12	2,741.9	0.078	0.063	0.004	29
雲南	879,356.7	118.325,5	4,741.31	0.190	0.141	0.061	19

表4-14(續)

地區	進出口總值 (萬美元)	外商投資總額 (億美元)	GDP (億元)	WSTZ	JCHK	DWKF 指數	DWKF 排序
陝西	688,733.9	164,739.8	5,465.79	0.229	0.096	0.057	21
甘肅	552,367	30,639.37	2,702.4	0.086	0.155	0.038	27
青海	61,207.3	24,259.1	783.61	0.235	0.059	0.046	25
寧夏	158,151.5	21,825.2	889.2	0.187	0.135	0.059	20
新疆	1,371,583	30,899.3	3,523.16	0.067	0.296	0.080	14
匯率	$100 = ¥760.4			變異系數		0.908,2	1.247,4

數據來源：各地區進出口總值、外商投資總額、GDP以及匯率數據取自《2008年中國統計年鑒》表2-15、表17-2、表17-19和表17-11。

對外開放指數排序結果顯示上海對外開放程度名列第1，廣東其次，北京、天津、江蘇、福建和浙江依次排在第3~7位，排列順序基本合理。從各地區對外開放指數得分來看，仍然呈現低水平聚集和高水平離散狀態，分值在0.1以下的地區共有17個，第12名以後的排名得分非常接近。

繪製人力資本適配度與對外開放指數的散點圖，並進行相關性分析可知：二者相關係數高達0.946,4，說明人力資本適應能力越高的地區對外開放程度也越高，或者對外開放程度的提高有助於人力資本適應能力的提高。觀察各散點仍然發現人力資本適配度的臨界性質：人力資本適配度在0.3以下的地區其對外開放指數呈現低水平聚集；而人力資本適配度大於0.3的地區其對外開放指數較高，隨適配度的提高而增大，離散程度逐漸減小。

將各地區人力資本適配水平與對外開放程度相對應劃分地區類型如圖4-6、表4-15所示：

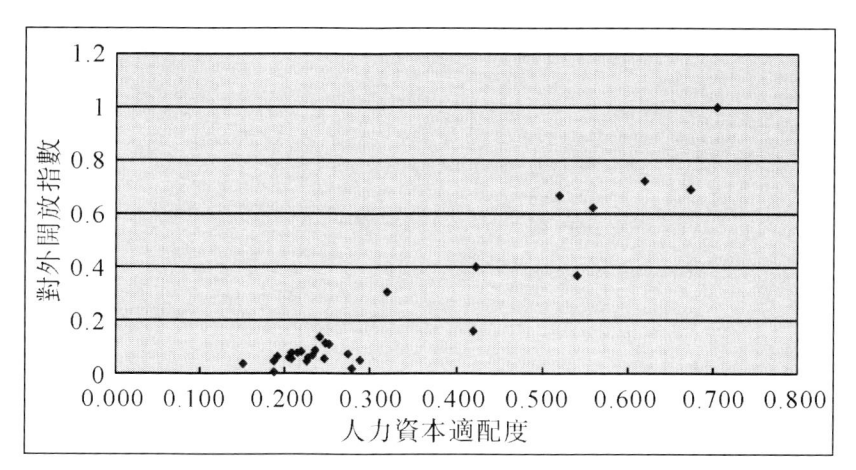

圖 4－6　人力資本適配度與地區對外開放指數散點圖

表 4－15　人力資本適配度與地區對外開放程度對應的地區分類

地區類型	適配度	包含的省市區
雙低	<0.3	青海、寧夏、甘肅、貴州、雲南、廣西、新疆、江西、山西、安徽、吉林、黑龍江、內蒙古、陝西、湖北、湖南、河北、四川、重慶、河南
居中	0.3～0.5	山東、遼寧、福建
雙高	>0.5	浙江、江蘇、天津、北京、廣東、上海

4.6.2　市場化指數

對市場化進行測度的研究成果非常豐富。金玉國（2000）從方法論的角度對 20 世紀 90 年代以來的市場化統計測度方法進行了總結，列出了主要的研究方法和研究結果，如表 4－16 所示：

表 4-16　市場化統計測度的主要研究方法和研究成果

研究者	年份	指標名稱	測算結果(%)
盧中原 胡鞍鋼	1992	綜合市場化指數 其中：1. 投資市場化指數 　　　2. 價格市場化指數 　　　3. 生產市場化指數 　　　4. 商業市場化指數	63.23 71.70 81.80 45.39 58.71
江曉薇 宋紅旭	1994	經濟市場度 其中：1. 企業自主度 　　　2. 市場國外開放度 　　　3. 市場國內開放度 　　　4. 宏觀調控度	37.6 42.8 16.2 82.8 9.9
國家計委 課題組	1994	整體市場化程度 其中：1. 商品市場化程度 　　　其中：生產環節 　　　　　　流通環節 　　　2. 要素市場市場化程度 　　　其中：勞動力市場 　　　　　　資金市場	65 80 80 80 50 70 28
顧海兵	1996	總體市場化程度 其中：1. 勞動力市場化 　　　2. 資金市場化 　　　3. 生產市場化 　　　4. 價格市場化	40 35 40 55 60

表4-16(續)

研究者	年份	指標名稱	測算結果(%)
陳宗勝	1997	總體市場化程度 其中：1. 工商企業市場化程度 　　　　2. 政府行為適應市場化程度 　　　　3. 商品市場市場化程度 　　　　4. 勞動力市場市場化程度 　　　　5. 金融市場市場化程度 　　　　6. 房地產市場市場化程度 　　　　7. 技術市場市場化程度	60（約） 48 72 85 65 10 40 71

資料來源：金玉國．中國市場化進程的統計測度——從方法論角度對90年代研究成果進行的總結與比較．統計研究，2000（12）：16。

樊綱等在《中國各地區市場化進程2001年報告》提出評價市場化程度應當全面考量政府與市場的關係、非國有經濟的發展、產品市場的發育程度、要素市場的發育程度以及市場仲介組織發育和法律制度環境這五個方面（張偉等，2005）。張偉等（2005）在總結前人研究的基礎上又提出市場化統計測度指標應包含五個方面，即國民經濟產權制度多元化（非國有化）的程度、經濟外向化程度、利益分配格局的演變、經濟發展實績以及市場化進程中的外部環境狀況。

綜合已有研究成果，從以下幾個方面選取指標反應各地區的市場化水平：一是產權制度多元化情況，用非國有化程度來反應，選取非國有工業總產值占全部工業總產值的比重（FGYGY）指標；二是投資市場化，採用非國有單位投資占全社會投資總額的比重（FGYTZ）來反應；三是經濟利益分配市場化份額的大小，用地方財政收入占GDP比重（CZSR）和非國有單位勞動報酬比重（FGYBC）來反應。

分析用數據與市場化指數及排序情況如表4-17所示：

表 4-17　　各地區市場化測度指標及市場化指數

地區	FGYGY (%)	FGYTZ (%)	CZSR (%)	FGYBC (%)	市場化指數	排序
北京	46.372	74.038	15.958	63.201	0.757	2
天津	55.344	67.275	10.701	54.126	0.596	7
河北	67.950	78.263	5.756	28.783	0.410	16
山西	45.991	64.919	10.428	29.931	0.389	17
內蒙古	56.509	61.019	8.083	31.886	0.382	20
遼寧	57.070	75.522	9.822	36.224	0.496	10
吉林	46.701	72.639	6.068	32.010	0.325	22
黑龍江	18.549	59.308	6.235	37.174	0.195	27
上海	60.556	64.868	17.019	56.855	0.779	1
江蘇	86.465	84.014	8.693	51.655	0.724	3
浙江	85.010	78.021	8.783	55.095	0.723	4
安徽	52.739	71.454	7.383	40.046	0.430	13
福建	84.611	68.509	7.562	58.635	0.686	6
江西	65.793	67.735	7.088	25.842	0.382	19
山東	77.264	86.250	6.452	44.389	0.591	8
河南	65.703	79.315	5.742	40.756	0.478	11
湖北	51.244	63.326	6.396	31.121	0.320	23
湖南	57.798	67.966	6.593	34.294	0.388	18
廣東	79.964	78.751	8.962	53.458	0.696	5
廣西	60.082	70.061	7.032	26.482	0.366	21
海南	60.390	71.861	8.853	28.030	0.426	14
重慶	49.147	71.943	10.739	44.608	0.524	9

表4-17(續)

地區	FGYGY (%)	FGYTZ (%)	CZSR (%)	FGYBC (%)	市場化指數	排序
四川	64.569	67.791	8.099	31.220	0.434	12
貴州	32.339	58.484	10.399	27.257	0.291	25
雲南	31.462	54.275	10.265	30.604	0.292	24
陝西	26.509	54.158	8.695	26.138	0.204	26
甘肅	25.319	47.146	7.064	20.917	0.107	30
青海	25.841	58.329	7.237	17.116	0.123	29
寧夏	45.742	69.148	9.000	38.341	0.420	15
新疆	13.908	62.698	8.114	26.329	0.160	28
變異系數	0.372	0.133	0.303	0.328	—	—
權重	0.327	0.117	0.267	0.289	—	—

　　繪製人力資本適配度與市場化指數的散點圖，圖4-7顯示人力資本適配度與市場化指數高度正相關，計算相關係數為0.880,6。散點分佈同樣表現出明顯的臨界性質，人力資本適配度在0.4以下的地區其市場化指數呈聚集狀，儘管誤差較大，但整體表現為急速的上升趨勢，而人力資本適配度在0.4以上的地區則呈現較為集中的線性關係。

　　因此，人力資本適配度與地區的市場化水平間的關係主要表現為雙低和雙高，將人力資本適配度與市場化指數相對應對地區類型進行劃分，如表4-18所示。

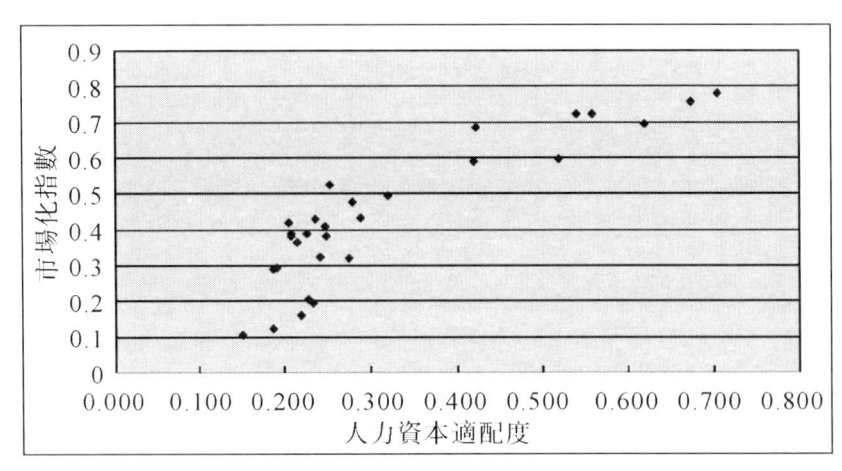

圖 4-7　各省市區人力資本適配度與市場化指數散點圖

表 4-18　人力資本適配度與地區市場化水平相對應的地區分類

地區類型	適配度	包含的省市區
雙低	<0.4	青海、寧夏、甘肅、貴州、雲南、廣西、新疆、江西、山西、安徽、吉林、黑龍江、內蒙古、陝西、湖北、湖南、河北、四川、重慶、河南、遼寧
雙高	≥0.4	山東、福建、浙江、江蘇、天津、北京、廣東、上海

以人力資本適配度等於 0.4 為界，建立虛擬變量模型進行分段迴歸。迴歸結果顯示擬合情況良好，人力資本適配度差異對市場化水平的影響非常明顯。模型表明，在人力資本適配度較低的地區（小於 0.4），人力資本適配度對市場化指數的邊際影響為 2.239,1。而人力資本適配度較高的地區（大於等於 0.4），模型截距提高 0.604,7，人力資本適配度對市場化指數水平的邊際影響為 0.522,3。因此，低適配度地區的市場化指數表現為低水平高增長，而高適配度地區的市場化指數表現為高水平低增長。這說明提高人力資本適配度在促進地區市場化水平

提高上起著重要的作用，而在市場化程度較低的地區發揮的作用更大。

4.7 人力資本適配度與區位因素

　　最后要討論的是人力資本適配度與區位因素的關係。中國地域遼闊，各地區經濟增長的初始水平、政策機遇等都有著巨大的差異。而各地區由於自身地緣文化的影響形成了獨特的人文情懷，使其勞動者帶有鮮明迥異的地區性格特徵，由此對人力資本的適應能力帶來了較大的影響。張一力在其著作《人力資本與區域經濟增長——溫州與蘇州比較實證研究》中將溫州的永嘉文化和江蘇的吳文化進行比較，探討了文化對人力資本結構模式形成的影響。周文斌（2007）比較了溫州和西安兩個文化背景截然不同的城市的人力資源能力，認為人力資本因文化的影響存在區域異質性。

　　因此，區位因素對人力資本適配度同樣有著較大的影響。關於區位的劃分目前已有多種標準，除了傳統的東中西部劃分以外，2004年6月國務院發展研究中心發展戰略和區域經濟研究部部長李善同在參與泛珠三角區域合作與發展論壇期間提出了可能以八大經濟區來取代以往的東中西部劃分方法，令政策制定更符合當今經濟發展的實際要求。這八大經濟區域是：南部沿海地區（廣東、福建、海南），東部沿海地區（上海、江蘇、浙江），北部沿海地區（山東、河北、北京、天津），東北地區（遼寧、吉林、黑龍江），長江中遊地區（湖南、湖北、江西、安徽），黃河中遊地區（陝西、河南、山西、內蒙古），西南地區（廣西、雲南、貴州、四川、重慶），西北地區（甘肅、青

海、寧夏、西藏、新疆)。

由於目前研究經濟增長的地區差異仍然是採用東中西部劃分,因此仍然按照傳統的東中西部劃分方法加上東北地區,即東部地區(北京、天津、河北、上海、廣東、福建、江蘇、浙江、山東、海南)、中部地區(湖南、湖北、河南、安徽、山西、江西)、西部地區(內蒙古、廣西、陝西、雲南、貴州、四川、重慶、甘肅、青海、寧夏、西藏、新疆)以及東北地區(遼寧、吉林、黑龍江)。此外,將東部地區進一步劃分為南部沿海、東部沿海和北部沿海地區,以便更加深入討論人力資本適配度的地區差異。

統計結果顯示東部地區人力資本適配度水平明顯高於其他三個地區,而東北、中部和西部地區的人力資本適配度無明顯差異,離散程度也大致相近。對於東部地區來說,東部沿海的三個省市的人力資本適配水平最高,其次是北部沿海,再次是南部沿海。由此說明當前中國人力資本適配度的區位特徵主要表現為兩個區域的差異,即發達地區(東部)與欠發達地區(東北、中部和西部)的差異,發達地區人力資本適配度普遍高於欠發達地區,其經濟實力和發展潛力也高於欠發達地區,如表4-19所示:

表4-19　東中西部及東北地區人力資本適配度描述統計指標

描述統計	東部 總體	東部沿海	北部沿海	南部沿海	東北	中部	西部
平均值	0.486,8	0.585,2	0.457,0	0.428,0	0.270,0	0.250,4	0.223,1
標準差	0.152,5	0.084,3	0.167,5	0.184,4	0.044,9	0.026,0	0.032,1
變異系數	0.313,3	0.144,0	0.366,4	0.430,9	0.166,3	0.103,9	0.144,0

4.8 本章主要結論

　　人力資本適配度與各經濟增長影響因素之間的相關性分析表明，人力資本適配性主要通過促進資本形成、加大人力資本投資、加快知識累積與技術進步、提高對外開放與市場化程度方面推動中國經濟增長。而這些影響因素同樣也促進了人力資本適配性的形成和提升，總體來看基本形成人力資本適配性與經濟增長的良性互動。

　　然而，人力資本適配性未明顯促進產業結構優化。原因在於與其他因素相比，產業結構高度較為穩定，各地區產業結構相似性較強，尤其是經濟上比較落後的地區這種相似性更為突出。這說明產業結構升級和調整滯后於經濟增長的要求，對經濟增長的影響較小。這使得人力資本適配性與產業結構高度之間未表現出明顯同升同降的趨勢，也表明當前產業結構轉換對人力資本適配性的影響較小。

　　區位因素對經濟增長水平和能力有著重要的影響作用，對人力資本適配性差異也有著較強的解釋能力。不同區位的人力資本適配性差距巨大，與經濟增長的巨大差異相互印證，呈現出中國經濟增長中人力資本適配性因區位而變化的基本面貌。

　　各地區人力資本適配度與各經濟增長影響因素之間的關係呈現低水平聚集和高水平發散的性狀。這種成團聚集狀態提示也許存在人力資本適配度門檻，使地區經濟增長出現低水平趨同和高水平趨異的現象。

第五章
包含人力資本適配度的中國經濟增長模型及實證分析

人力資本適配性與經濟增長主要影響因素之間存在較強的相關性，將其納入經濟增長研究的一般框架有其合理性。本章嘗試將人力資本適配度引入經濟增長模型，對人力資本適配性在經濟增長中的作用進行實證分析。並對中國經濟增長中是否存在人力資本適配度門檻進行檢驗，在此基礎上描述和分析中國地區經濟增長差異及其經濟增長特徵。

為此，首先基於 C-D 生產函數的基本形式構建了一個包含人力資本適配度的跨省經濟增長模型，利用 2007 年中國各省市區的截面數據，對人力資本適配性在中國經濟增長中所起的作用進行評估。其次，根據所建立的經濟增長模型利用 Quandt (1958) 提出的檢驗方法證實了中國經濟增長中存在顯著的人力資本適配度門檻。

本章的研究證實人力資本適配度對經濟增長有著顯著而重要的影響，而人力資本適配度門檻的存在更進一步揭示出中國經濟增長中普遍存在的低水平人力資本「陷阱」。跨越人力資本適配度門檻對經濟落后地區擺脫「貧困陷阱」有著決定性的影響。

5.1　包含人力資本適配度的中國經濟增長模型

5.1.1　中國經濟增長模型構建與變量選擇

20 世紀 20 年代末，美國數學家 Charles Cobb 和經濟學家 Paul Douglas 提出生產函數一詞，並用 1822—1922 年的數據資料導出了著名的 Cobb-Douglas 生產函數。此后經濟學家們對 C-D 生產函數進行了修改和擴充並廣泛應用於實證研究中，用於建立經濟增長模型，使其成為了經濟增長核算的基本形式。

如體現技術進步的索洛模型、舒爾茨測算教育貢獻率使用「余數分析法」所採用的模型、丹尼森的經濟增長核算以及盧卡斯（1988）的兩時期模型。隨著時代的發展，對經濟增長問題研究的深入，現代經濟學者更重視人力資本因素以及結構和制度因素在經濟增長中的作用，如 Wang & Yao（2001）、王金營（2001），王文博等（2002）、譚永生（2007）的研究將人力資本、產業結構以及制度變遷等因素加入模型中。如表 5－1 所示：

表 5－1　　近年來生產函數的主要研究成果

年份	研究者	生產函數成果
1928	Cobb, Douglas	C－D 生產函數
1937	Douglas, Durand	C－D 生產函數的改進型
1957	Solow	C－D 生產函數的改進型
1960	Solow	含體現型技術進步生產函數
1961	Arrow 等	兩要素 CES 生產函數
1967	Sato	二級 CES 生產函數
1968	Sato, Hoffman	VES 生產函數
1968	Aigner, Chu	邊界生產函數
1971	Revanker	VES 生產函數
1973	Chrestensen, Jorgenson	超越對數生產函數
1980	－	三級 CES 生產函數

資料來源：李子奈．計量經濟學．北京：高等教育出版社，2000：186．

近年來關於人力資本與經濟增長的實證研究中，大部分是直接採用索洛模型或是在 C－D 生產函數中加入其他影響因素。就國內相關文獻來看，只有王金營（2001）考慮了人力資本與

物質資本相互替代的可能性分別採用索洛模型、兩要素 CES 生產函數構建了中國總量生產函數和產業生產函數，其實證研究結果表明物質資本投入與勞動力或人力資本存量的替代彈性近似為1，基本符合 C－D 生產函數對投入要素間要求具有不變替代彈性為 1 的假設條件。由此證明，中國經濟增長模型滿足 C－D 生產函數關係。隨後，王金營又利用索洛模型建立了包含人力資本的有效勞動模型得到良好的檢驗效果。因此，借鑑索洛模型和盧卡斯模型的觀點與模型形式，結合本書的研究目的，建立了以 C－D 生產函數為基本形式包含人力資本適配度的中國經濟增長模型。模型形式如下：

$$Y_i = A(i) K_i^\alpha L_i^\beta HF_i^\gamma e^{\varepsilon_i} \quad (i=1, 2, \cdots, 29) \quad (5-1)$$

其中，Y_i 代表各地區的國內生產總值，K_i 代表各地區的資本存量，L_i 代表各地區的就業人員，HF_i（Human Capital Fitness）則代表各地區的人力資本適配度。

這裡人力資本適配度已包含人力資本在提高物質資本質量和效率、促進知識累積和技術進步、推動結構轉換並實現人力資本有效配置、適應和進一步推動制度變遷等方面的外部性作用，因此，模型的「餘值」可能包含生產流程和管理體制的創新、組織文化、區位因素以及人力資本天賦等對經濟增長的影響。

5.1.2 指標數據的收集與處理

由於資本存量缺失了重慶的數據，因此本書所構建的經濟增長模型是採用 2007 年 29 個地區的數據進行截面估計，均採用當年價數據。各地區 2007 年的 GDP 數據、勞動力數據均取自《2008 年中國統計年鑑》，而 2001—2007 年的固定資本形成總額以及固定資產投資價格指數取自 2002—2008 年《中國統計年鑑》，各地區的適配度數據取自第三章的計算結果。

為配合資本存量數據，實證分析中將重慶與四川的數據合併處理。鑒於樣本容量較大，這樣的處理對模型整體估計和模型分析不會帶來大的影響。在合併適配度數據時，考慮兩個地區的適配度差距較小，排序也非常接近，加上重慶市良好的增長性，採用平均數的方法求得重慶和四川的總體人力資本適配度。

5.2　中國經濟增長模型的估計與檢驗

　　對公式 5-1 進行變形，兩端取自然對數得到中國經濟增長模型，如 5-2 式所示：

$$\ln Y_i = a + \alpha \ln K_i + \beta \ln L_i + \gamma \ln HF_i + \varepsilon_i \qquad (5-2)$$

　　其中，Y 代表產出，即各地區的國內生產總值，用軟件計算時用 GDP 代表。α 代表資本的產出彈性，β 代表勞動力的產出彈性，而 γ 則代表人力資本適配度的產出彈性。

　　用於建立跨地區的中國經濟增長模型的原始數據如表 5-2 所示：

表 5-2　中國地區經濟增長模型原始數據序列

地區	GDP（億元）	就業人數（萬人）	當年價資本存量（億元）	人力資本適配度
北京	9,353.32	1,111.42	23,112.68	0.674
天津	5,050.40	432.74	13,440.24	0.520
河北	13,709.50	3,567.19	26,172.07	0.246
山西	5,733.35	1,550.10	11,685.87	0.208

表5-2(續)

地區	GDP （億元）	就業人數 （萬人）	當年價資本存量 （億元）	人力資本 適配度
內蒙古	6,091.12	1,081.53	14,818.06	0.208
遼寧	11,023.49	2,071.26	20,274.64	0.320
吉林	5,284.69	1,096.19	12,718.60	0.241
黑龍江	7,065.00	1,659.86	14,409.04	0.232
上海	12,188.85	876.58	33,069.79	0.704
江蘇	25,741.15	4,193.17	49,801.67	0.559
浙江	18,780.44	3,615.38	37,904.07	0.541
安徽	7,364.18	3,597.62	13,130.78	0.236
福建	9,249.13	1,998.87	18,623.56	0.424
江西	5,500.25	2,195.65	11,067.00	0.248
山東	25,965.91	5,262.20	56,642.97	0.420
河南	15,012.46	5,772.72	30,103.50	0.279
湖北	9,230.68	2,763.02	17,625.30	0.274
湖南	9,200.00	3,749.35	19,244.41	0.226
廣東	31,084.40	5,292.84	44,562.28	0.620
廣西	5,955.65	2,759.61	10,688.55	0.215
海南	1,223.28	414.81	2,643.85	0.252
四川	14,627.81	6,568.15	39,582.07	0.271
貴州	2,741.90	2,283.05	6,552.97	0.187
雲南	4,741.31	2,600.82	9,620.77	0.191
陝西	5,465.79	1,922.00	14,927.33	0.228

表5-2(續)

地區	GDP（億元）	就業人數（萬人）	當年價資本存量（億元）	人力資本適配度
甘肅	2,702.40	1,374.38	6,394.45	0.151
青海	783.61	276.29	2,139.36	0.188
寧夏	889.20	309.46	2,556.12	0.205
新疆	3,523.16	800.84	10,739.66	0.219

根據公式 5-2，首先對以上數據進行對數化處理，然後對各變量進行相關性分析，以預估模型中是否容易出現共線性問題。上述變量的相關係數矩陣如表 5-3 所示：

表 5-3　　　　　各變量相關係數矩陣表

相關係數	LnGDP	LnK	LnL	LnHF
LnGDP	1			
LnK	0.984,5	1		
LnL	0.809,9	0.757,0	1	
LnHF	0.635,0	0.659,3	0.166,4	1

相關性分析顯示，各解釋變量與被解釋變量之間均為高度相關，而各解釋變量之間的相關性有強有弱，資本存量數據與其他兩個變量有較為顯著的相關性，適配度變量相對獨立。因此模型中會存在一定的共線性影響，但影響程度是否危害到模型有效性和穩定性則需進一步檢驗。

模型估計採用最小二乘法，根據 29 個省市區的原始數據，利用 SPSS16.0 進行分析和迴歸。得到包含人力資本適配度的中國經濟增長模型估計輸出結果，如表 5-4 所示：

表5-4 包含人力資本適配度的中國經濟增長模型輸出結果

表5-4-1 模型概要（Model Summary）

模型	相關係數 R	可決係數 R Square	校正可決係數 Adjusted R Square	估計標準誤差 Std. Error of the Estimate	Durbin-Watson 統計量
1	0.992	0.983	0.981	0.125,94	2.319

表5-4-2 方差分析（ANOVA）

模型		平方和 Sum of Squares	自由度 df	均方誤差 Mean Square	F統計量	顯著水平 Sig.
1	迴歸（Regression）	23.471	3	7.824	493.248	0.000 [a]
	殘差（Residual）	0.397	25	0.016		
	總和（Total）	23.867	28			

表5-4-3 系數（Coefficients）

模型		非標準化係數 Unstandardized Coefficients		t統計量	顯著水平 Sig.	共線性診斷 Collinearity Statistics	
		B	標準差			容忍度 Tolerance	方差膨脹因子 VIF
1	常數項	-0.379	0.515	-0.736	0.469		
	LnK	0.789	0.076	10.373	0.000	0.137	7.292
	LnL	0.257	0.056	4.572	0.000	0.233	4.295
	LnHF	0.251	0.097	2.576	0.016	0.313	3.195

根據迴歸結果寫出包含人力資本適配度的經濟增長模型如下：

$$\ln Y_i = -0.379 + 0.789\ln K_i + 0.257\ln L_i + 0.251\ln HF_i \tag{5-3}$$

t＝（-0.736）　（10.373）　（4.572）　（2.576）

p＝（0.469）　（0.000）　（0.000）　（0.016）

$R^2 = 0.983$　D.W.＝2.319　F＝493.248

將5-3還原為其生產函數形式，可寫成：

$$\hat{Y}_i = 0.684,6 K_i^{0.789} L_i^{0.257} HF_i^{0.251} \tag{5-4}$$

以上模型顯示，包含人力資本適配度的地區經濟增長模型

擬合效果良好，解釋變量所解釋的總變差達到了98.3%，模型F統計量高度顯著，說明變量總體解釋能力很強。模型擬合優度很高，模型中各解釋變量參數的伴隨概率均小於0.05，因此各解釋變量的t統計量在5%的顯著水平上全部顯著。共線性檢驗顯示各參數的容忍度與方差膨脹因子未出現明顯異常，判定無嚴重多重共線性。對殘差繪製自相關圖后顯示模型殘差序列平穩，無自相關現象，DW統計量接近2，查得其上下臨界值分別為1.2和1.65，因此通過自相關檢驗，證實模型中不存在自相關。

需要說明的是，由於模型是採用截面數據進行估計的，不存在時間序列數據通常容易產生的非平穩性，因此，沒有必要對數據進行單位根檢驗和喬納森協整檢驗。而模型的估計結果也說明模型具有良好的適用性和解釋能力，不存在「偽迴歸」現象。

模型估計結果表明，中國經濟增長目前仍然主要依靠資本投入。資本存量的產出彈性達到0.789，即資本存量每增長1%則各地區GDP平均增長0.789%；勞動就業的產出彈性為0.257，即就業人數每增長1%各地區GDP平均增長0.257%。兩者產出彈性之和為1.046，Wald檢驗顯示中國經濟增長中資本和勞動力存在規模報酬不變的特徵。值得注意的是人力資本適配度的產出彈性達到了0.251，即人力資本適配度每提高1%，各地區的GDP平均增長0.251%，且在5%的水平上顯著，說明人力資本適配度對於經濟增長有著顯著的促進作用，是產生規模報酬遞增的主要來源。表現在經濟增長中人力資本與物質資本的有效結合，人力資本在知識累積和技術進步的關鍵性作用，以及促進經濟結構有效轉換和適應並推動制度變遷等方面發揮積極作用而產生的外部效應。

模型估計結果支持了人力資本在經濟增長中具有外部性的

假設，也證明人力資本適應能力的高低對經濟增長能力和水平有著較強的影響作用，用人力資本適配度來研究有效人力資本的發揮程度是可行的。因此，對人力資本適配度的關注和研究是我們應當重視的問題。

5.3 中國經濟增長中的人力資本適配度門檻

包含人力資本適配度的中國經濟增長模型雖然取得了良好的估計結果，但我們在分析人力資本適配度與經濟增長要素間相關性時就已發現其存在臨界效應。可以看出人力資本適配度大致有兩個臨界值，即0.3和0.5。當人力資本適配度小於0.3時，這些地區在所有的經濟增長要素方面均表現欠佳，散點圖表現為成團聚集。而當人力資本適配度超過0.3以後，這些地區大部分經濟增長要素的表現開始好轉，尤其是人力資本適配度超過0.5的地區如上海、北京、廣東、江蘇、浙江、天津，其經濟實力、經濟結構、政策環境在全國都是名列前茅的。以上現象表明中國經濟增長中可能存在人力資本適配度門檻，由於人力資本適配度是衡量有效人力資本水平高低的工具，因此也間接說明中國經濟增長中可能存在人力資本門檻。

但是否存在門檻，其具體的門檻值是多少，是兩區制門檻（一個門檻）還是三區制門檻（兩個門檻）則需要通過一定的統計方法來進行檢驗。經濟增長中「人力資本適配度門檻」的含義是指當人力資本適配度達到某一特定值時，經濟增長的模式和特徵將發生本質的改變。若證實在中國經濟增長中表現出明顯的人力資本適配度門檻特徵，則可為研究中國地區經濟增長差距以及進一步尋求落後地區加快「趨同」步伐提供新的依據和思路。

5.3.1 人力資本適配度門檻檢驗

Quandt R. E. 於 1958 年提出了一種判斷線性迴歸函數極值的方法，其基本思想是當一個自變量的取值如果使得按照該變量數值排序而設置的虛擬變量的估計系數的 t 檢驗值最大，則此時該值為該變量的關鍵拐點，其含義是只有當該變量超過該值時，研究對象將發生結構改變（劉厚俊和劉正良，2006）。

「門檻值」通常有兩種，一種是以時間為結構改變的轉折點，另一種是以變量為結構改變的轉折點，這裡我們是以人力資本適配度作為結構改變的變量。即是要觀察當人力資本適配度達到什麼水平時，原樣本開始發生結構改變。為此，按照 Quandt 的做法，以人力資本適配度 HF 設置虛擬變量 D，尋找其門檻值。用於門檻迴歸的經濟增長模型為：

$$\ln Y_i = a + \alpha \ln K_i + \beta \ln L_i + \gamma D_i + \varepsilon_i \qquad (5-5)$$

具體做法是首先將各地區的人力資本適配度由小到大進行排序，從最小的人力資本適配度值開始設立人力資本門檻，凡是超過這個取值的地區都令其虛擬變量取值為 1，進行迴歸，得到虛擬變量 D 的參數檢驗 t 值；然后，將次小的人力資本適配度值設為人力資本門檻，凡是超過這一取值的地區都令其虛擬變量取值為 1，而未超過這一取值的地區令其虛擬變量取值為 0，代入經濟增長模型中進行迴歸，由此得到第二個虛擬變量的參數檢驗 t 值；以此類推，將所有的人力資本適配度值從小到大依次設為人力資本門檻，得到所有迴歸系數 γ 的 t 檢驗值。

根據這一思路，我們按照人力資本適配度 HF 的取值從小到大的順序設置了 28 個虛擬變量，依次代入模型進行迴歸。發現在所有的模型中，當人力資本適配度等於 0.32 時，其虛擬變量的 t 檢驗值達到最大為 2.436，在 5% 的臨界水平上顯著。而當人力資本適配度小於 0.32 或大於 0.32 時，虛擬變量的 t 值都不

顯著。這說明0.32是一個分界點，由此形成的高於該值和低於該值的兩個子樣本具有不同的經濟增長模式。而之前預計的0.5左右的人力資本適配度門檻在統計上並不顯著，因此確定中國經濟增長中人力資本適配度門檻為0.32，說明中國地區經濟增長具有兩區制人力資本適配度門檻的特徵。

兩區域所包含的地區如表5-5所示。相應的門檻迴歸模型輸出結果如表5-6所示：

表5-5　按人力資本適配度門檻劃分的地區類型

地區類型	HF值	包含的地區
未過人力資本適配度門檻	<0.32	青海、寧夏、甘肅、貴州、雲南、廣西、新疆、江西、山西、安徽、吉林、黑龍江、內蒙古、陝西、湖北、湖南、河北、四川、重慶、河南
跨越人力資本適配度門檻	≥0.32	上海、北京、廣東、江蘇、浙江、天津、山東、福建、遼寧

表5-6　人力資本適配度門檻檢驗迴歸模型輸出結果

\multicolumn{6}{c}{表5-6-1 模型概要（Model Summary）}
模型	相關係數 R	可決係數 R Square	校正可決係數 Adjusted R Square	估計標準誤差 Std. Error of the Estimate	Durbin-Watson 統計量
D20	0.991	0.983	0.981	0.127.36	1.894

\multicolumn{2}{c}{}	\multicolumn{5}{c}{表5-6-2 方差分析（ANOVA）}
\multicolumn{2}{c}{模型}	平方和 Sum of Squares	自由度 df	均方誤差 Mean Square	F 統計量	顯著水平 Sig.
D20	迴歸（Regression）	23.462	3	7.821	482.113	0.000[a]
	殘差（Residual）	0.406	25	0.016		
	總和（Total）	23.867	28			

表 5-6（續）

表 5-6-3 系數（Coefficients）

模型		非標準化系數 Unstandardized Coefficients		t 統計量	顯著水平 Sig.	共線性診斷 Collinearity Statistics	
		B	標準差 Std. Error			容忍度 Tolerance	方差膨脹因子 VIF
D20	常數項	-0.998	0.345	-2.897	0.008		
	LnL	0.235	0.052	4.502	0.000	0.278	3.592
	LnK	0.833	0.065	12.817	0.000	0.192	5.205
	D20	0.187	0.077	2.436	0.022	0.445	2.249

迴歸結果表明，模型高度顯著，其擬合優度達到 0.983，各參數 t 統計量均顯著。共線性診斷結果表明模型的容忍度和方差膨脹因子都較小，說明模型中不存在嚴重的多重共線性。此外 DW 統計量為 1.894，查表可證實模型中不存在自相關，模型擬合良好，基本能夠反應變量間的數量關係。

5.3.2 人力資本適配度門檻有效性的統計檢驗

為檢驗該門檻值是否能有效識別不同地區的經濟增長差異，我們利用假設檢驗方法對人力資本適配度門檻的有效性進行檢驗。基本思路是首先按照人力資本適配度門檻將 29 個省市區劃分為兩個子樣本，一個是人力資本適配度小於門檻值的地區，即未過適配度門檻的地區，另一個是人力資本適配度大於該門檻值的地區，即跨越適配度門檻的地區。對兩個地區分別迴歸建立其經濟增長模型，並對這兩個模型中各解釋變量的參數是否相等進行檢驗。如果統計檢驗結果表明門檻下與門檻上這兩個子樣本的經濟增長模型參數存在著顯著差異，即說明該門檻值在區分地區間經濟增長差異上具有較強的識別能力，門檻值有效。

5.3.2.1 未過人力資本適配度門檻地區的經濟增長模型

利用 HF 值小於 0.32 的 20 個地區數據建立經濟增長模型，

同樣用 SPSS16.0 進行迴歸。初次迴歸發現由於模型中存在較為嚴重的異方差影響到參數的顯著性，因此，對該模型採用加權最小二乘法進行估計，以消除異方差的影響。經比較和檢驗，利用模型殘差平方的倒數作為模型權數，得到估計輸出結果如表 5－7 所示：

表 5－7　　未過人力資本適配度門檻地區
加權最小二乘迴歸估計輸出結果

表 5－7－1 模型概要（Model Summary）

多重相關係數（Multiple R）	0.999
可決系數（R Square）	0.998
校正可決系數（Adjusted R Square）	0.997
估計標準誤差（Std. Error of the Estimate）	0.652
極大似然函數值（Log-likelihood Function Value）	23.089

表 5－7－2 方差分析（ANOVA）

	平方和 Sum of Square	自由度 df	均方誤差 Mean Square	F 統計量	顯著水平 Sig.
迴歸（Regression）	1,707.331	3	569.110	1.338E3	0.000
殘差（Residual）	3.403	8	0.425		
總和（Total）	1,710.734	11			

表 5－7－3 系數（Coefficients）

	非標準化系數 Unstandardized Coefficients		標準化系數 Standardized Coefficients		t 統計量	顯著水平 Sig.
	B	標準差	Beta	標準差		
常數項	－0.288	0.256			－1.129	0.292
LnK	0.829	0.030	0.750	0.027	27.422	0.000
LnL	0.219	0.024	0.193	0.021	9.226	0.000
LnHF	0.348	0.041	0.191	0.023	8.420	0.000

根據輸出結果寫出未過人力資本適配度門檻的經濟增長模型如下：

$$\ln \hat{Y}_i = -0.288 + 0.829\ln K_i + 0.219\ln L_i + 0.348\ln HF_i \quad (5-6)$$

t = （-1.129） （27.422） （9.226） （8.420）
p = （0.292） （0.000） （0.000） （0.000）
$R^2 = 0.998$ F = 1,338   DW = 2.286

將該模型還原為生產函數形式：

$$\hat{Y}_i = 0.749, 8 K_i^{0.829} L_i^{0.219} HF_i^{0.348} \tag{5-7}$$

對模型進行檢驗，各參數取值合理正常，模型擬合良好，無自相關和異方差，無嚴重共線性，因此該模型基本說明未過人力資本適配度門檻地區的經濟增長態勢。

總體而言，未過人力資本適配度門檻的地區資本產出彈性較大，達到 0.829，而勞動力的產出彈性相對較小，僅為 0.219。說明這一區域的經濟增長主要依靠大量的資本投入驅動，勞動力的產出能力較小，也說明勞動者所具有的人力資本產出能力較小。此外，通過對模型中資本存量和勞動力的參數之和是否為 1 進行 Wald 檢驗，檢驗結果表明這些地區的資本與勞動力投入存在規模報酬不變的性質，也說明了人力資本有效延緩了資本投入過多而帶來的邊際效益遞減的問題。而人力資本適配度在這些地區的經濟增長中也發揮著顯著的作用，即人力資本適配度的差異對於地區經濟增長的差異的影響是顯著的。然而由於目前這些地區的人力資本適配度差異很小，也使得這些地區的經濟增長差異不明顯。

5.3.2.2　跨越人力資本適配度門檻地區的經濟增長模型

同時，對跨越人力資本適配度門檻的 9 個地區也建立了經濟增長模型。由於這 9 個地區的經濟增長路徑有著較大的區別，使得模型異方差現象相當嚴重。事實上，從散點圖已經能夠看出，這 9 個地區的資本投入、勞動力投入以及人力資本適配度數據發散程度遠遠高於未過人力資本適配度門檻的地區，呈現出很大的差異。因此，為了避免嚴重異方差對模型造成估計上的困難，仍然採用加權最小二乘法對模型進行迴歸。經

SPSS16.0選擇權數進行迴歸后得到輸出結果，如表5-8所示：

表5-8　　　　跨越人力資本適配度門檻地區加權
最小二乘迴歸估計輸出結果

表5-8-1 模型概要（Model Summary）	
多重相關係數（Multiple R）	0.999,9
可決系數（R Square）	0.999,9
校正可決系數（Adjusted R Square）	0.999,8
估計標準誤差（Std. Error of the Estimate）	0.001
極大似然函數值（Log-likelihood Function Value）	14.141

表5-8-2 方差分析（ANOVA）				
	平方和 Sum of Squares	自由度 df	均方誤差 Mean Square	F 統計量	顯著水平 Sig.
迴歸（Regression）	0.009,9	3	0.003,3	3.344E3	0.012
殘差（Residual）	0.000,1	1	0.000,1		
總和（Total）	0.010	4			

表5-8-3 系數（Coefficients）				
	非標準化系數 Unstandardized Coefficients		標準化系數 Standardized Coefficients		t 統計量	顯著水平 Sig.
	B	標準差	Beta	標準差		
常數項	1.148	0.658			1.743	0.332
LnK	0.504	0.079	0.357	0.056	6.357	0.099
LnL	0.461	0.028	0.560	0.034	16.657	0.038
LnHF	0.314	0.063	0.170	0.034	4.946	0.127

根據輸出結果寫出跨越適配度門檻地區的經濟增長模型：

$$\ln \hat{Y}_i = 1.148 + 0.504 \ln K_i + 0.461 \ln L_i + 0.314 \ln HF_i \quad (5-8)$$
t =　（1.743）　　（6.357）　　（16.657）　　（4.946）
p =　（0.332）　　（0.099）　　（0.038）　　（0.127）

$R^2 = 0.999,9$ $F = 3,644$ $DW = 2.106$

將模型還原為生產函數形式可寫成：

$$\hat{Y}_i = 3.151,9 K_i^{0.504} L_i^{0.461} HF_i^{0.314} \quad (5-9)$$

模型參數取值合理正常，經加權處理后擬合優度高度顯著。其他檢驗統計量的表現尚佳，資本與勞動力的參數檢驗統計量均在5%的水平上顯著，而人力資本適配度顯著性相對較低。為排除可能存在的多重共線性影響，對模型進行了嶺迴歸估計。嶺迴歸估計結果顯示模型參數並未如預期表現出明顯的收斂趨勢，這說明模型中不存在嚴重的多重共線性。

因此，模型中人力資本適配度不夠顯著仍然是由於嚴重異方差帶來的。具體考察其原因主要有兩個：首先，這9個地區的經濟增長路徑各不相同，人力資本適配度差異較大，使得參數方差過大而降低其顯著性。這9個地區中，北京已經表現出服務型經濟的特徵，其增長要素投入和經濟結構與其他8個地區都有著顯著差異，人力資本適配度總體較高，各二、三級人力資本適配度指數非常均衡。上海、天津呈現以高技術和高素質勞動力推動的工業化特徵，其人力資本直接產出能力強，資本聚集能力以及在知識累積與創新上的適應能力也較強。廣東較高的人力資本適配度主要來源於其資本聚集能力以及結構轉換與對外開放的適應能力，江蘇、浙江、福建的人力資本則以結構轉換與制度變遷適應能力見長，而山東和遼寧的資本推動特徵則較為明顯。其次，由於該集團樣本數過少，加之不可能擴充樣本，自由度太低，使異方差的影響難以完全克服。但總體而言，該模型基本能夠描述跨越人力資本適配度門檻地區的經濟增長特徵。與未過人力資本適配度門檻的地區相比，跨越人力資本適配度門檻的地區資本存量的產出彈性顯著降低，而勞動力的產出彈性明顯上升。這說明在人力資本適配度較高的地區，資本的作用相對較低，而勞動者的產出能力相對較高，

其人力資本在經濟增長中的作用強於人力資本適配度較低的地區。此外，我們對資本與勞動力系數規模報酬不變的性質進行了 Wald 檢驗，檢驗結果表明模型也存在規模報酬不變的特徵，同樣說明人力資本在延緩資本邊際效益遞減上發揮了重要作用。

因此，在經濟實力較強的地區，資本作用相對較低，人力資本的作用上升，經濟增長逐漸從過多依賴資本投入轉向更多地依靠人力資本適配性的提高。

5.3.2.3 未過人力資本適配度門檻與跨越人力資本門檻模型參數的齊性檢驗

進行兩個獨立正態總體樣本均值的比較時，通常可以利用 T 檢驗並根據方差是否具有齊性構建不同的統計量進行檢驗（施錫銓和範正琦，2007）。為此，我們首先需要檢驗跨越適配度門檻和未過適配度門檻的各省市區直轄市所構成的這兩個子樣本是否服從正態分佈。如表 5-9，表 5-10 所示：

表 5-9　　　　未過人力資本適配度門檻的經濟增長模型變量正態性檢驗結果

	Kolmogorov – Smirnov[a] 統計量			Shapiro – Wilk 統計量		
	統計量值	自由度	顯著水平 Sig.	統計量值	自由度	顯著水平 Sig.
LnGDP	0.193	20	0.050	0.907	20	0.055
LnK	0.194	20	0.048	0.921	20	0.103
LnL	0.113	20	0.200 *	0.939	20	0.234
LnHF	0.093	20	0.200 *	0.958	20	0.500

表 5 - 10　　　　　跨越人力資本適配度門檻的
經濟增長模型變量正態性檢驗結果

	Kolmogorov – Smirnov[a] 統計量			Shapiro – Wilk 統計量		
	統計量值	自由度	統計量值	自由度	統計量值	自由度
LnGDP	0.172	9	0.200 *	0.938	9	0.556
LnK	0.140	9	0.200 *	0.949	9	0.678
LnL	0.180	9	0.200 *	0.919	9	0.383
LnHF	0.176	9	0.200 *	0.942	9	0.607

檢驗結果顯示，所有變量的 Shapiro – Wilk 統計量顯著性檢驗值都大於 0.05，說明按該統計量標準所有變量均為正態分佈。在 Kolmogorov – Smirnov 統計量的顯著值中，僅有未過適配度門檻模型中的 LnK 為 0.048，其余值都大於 0.05。由於未過適配度門檻的省區數有 20 個，樣本量較大，而其顯著值也非常接近臨界值，因此我們忽略這一影響，仍然認為在 5% 的顯著水平下三個變量均為正態分佈。

在明確各變量的子樣本均為正態性分佈的基礎上我們利用 F 統計量檢驗兩個參數是否具有方差齊性，做如下假設：

H_0：$\sigma_0^2 = \sigma_1^2$（具有方差齊性）
H_1：$\sigma_0^2 \neq \sigma_1^2$（不具有方差齊性）

構造統計量

$$F = \frac{S_1^2}{S_0^2} \sim F_\alpha (n_1 - 1, n_0 - 1) \qquad (5 - 10)$$

來檢驗零假設是否成立。

其中：S_1^2——跨越人力資本適配度門檻迴歸模型參數的方差
　　　S_0^2——未過人力資本適配度門檻迴歸模型參數的方差

顯然，當 F 值落在數值 1 左右時，H_0 為真的可能性較大，而當 F 遠離 1，即越來越大或越來越小於 1 時，拒絕 H_0 的可能

性將逐漸增大。因此，在給定顯著性水平后，我們對 F 構建雙側檢驗形式，尋找其上臨界點 F_U 和下臨界點 F_L。此時，$F > F_U$ 和 $F < F_L$ 的概率各為 $\frac{\alpha}{2}$。

通常我們可以通過查表直接求到 F 統計量的上臨界點，當 $\alpha = 0.05$ 時，$F_U = F_{0.025}(8, 19) = 2.956,257$，由於下臨界點無法直接查到，考慮用另外一個 F 檢驗統計量。故

$$F' = \frac{S_0^2}{S_1^2} \sim F_\alpha(n_0 - 1, n_1 - 1) \qquad (5-11)$$

該統計量與 F 統計量恰好互為倒數，因此，找到 F' 的上臨界點對其求倒數就找到了 F 統計量的下臨界點，即

$$F_L = 1/F_{\frac{\alpha}{2}}(n_0 - 1, n_1 - 1) = 1/F_{0.025}(19, 8) = 0.247,9$$

在 $\alpha = 0.05$ 的顯著水平下，若 $F_L \leq F \leq F_U$ 則認為這兩個參數具有方差齊性，經檢驗，跨越適配度門檻與未跨越適配度門檻的經濟增長模型參數中 lnL 與 lnHF 均是方差齊性的，而 LnK 則為方差非齊性。因此應當分別採用方差相等條件以及方差不等條件下的 T 統計量對兩個模型參數的差異性進行檢驗。如表 5-11 所示：

表 5-11　　跨越適配度門檻與未過適配度門檻
經濟增長模型參數方差齊性檢驗

模型	LnK		LnL		LnHF		F_L	F_U
	方差	F	方差	F	方差	F		
跨越適配度門檻	0.006,2	0.144,2	0.078,4	0.734,7	0.396,9	0.423,5	0.247,9	2.952,6
未過適配度門檻	0.000,9		0.057,6		0.168,1			

對於兩組樣本 $(x_1, x_2, \cdots, x_m)$ 與 $(y_1, y_2, \cdots, y_n)$，若經檢驗為方差齊，則它們的共同方差為這兩組樣本方差的加權平均值（袁蔭棠，1989）。其公式為：

$$S_w^2 = \frac{(m-1)S_x^2 + (n-1)S_y^2}{m+n-2} \quad (5-12)$$

而方差齊條件下的 T 統計量公式為：

$$T = \frac{\bar{x} - \bar{y}}{\sqrt{S_w^2 \left(\frac{1}{m} + \frac{1}{n}\right)}} \quad (5-13)$$

相反，若為方差非齊性，則需利用以下公式計算 T 統計量：

$$T = \frac{\bar{x} - \bar{y}}{\sqrt{\frac{S_m^2(x)}{m} + \frac{S_n^2(y)}{n}}} \quad (5-14)$$

首先提出假設，令：

$H_0: \mu_0 = \mu_1$

$H_1: \mu_0 \neq \mu_1$

在零假設成立的條件下，利用公式 5-13 與 5-14 計算得出判定經濟增長模型中跨越門檻與未過門檻的參數是否相等的 T 統計量，如表 5-12 所示。

表 5-12　檢驗兩個模型參數是否相等的統計量及檢驗結果

參數	T 值	P 值	是否拒絕 H_0
LnK	11.223,8	0.000,01 < 0.05	拒絕（α = 5%）
LnL	2.387,6	0.024,2 < 0.05	拒絕（α = 5%）
LnHF	1.735,8	0.05 < 0.094 < 0.1	拒絕（α = 10%）

以上檢驗結果表明跨越人力資本適配度門檻與未過人力資本適配度門檻模型的資本與勞動力的參數在 5% 的顯著水平下有著明顯的差異，而人力資本適配度的參數則在 10% 的顯著水平上有差異。由此說明人力資本適配度能夠顯著解釋中國地區經濟增長差異，同時證明人力資本適配度門檻值能夠有效識別具

有不同人力資本適配度水平的地區表現出的不同的經濟增長特徵。

5.3.3 人力資本適配度門檻的經濟意義檢驗

人力資本適配度門檻的顯著性是根據各地區資本、勞動力以及人力資本適配度量上的差異而確定的。那麼這個門檻是否能夠區分不同地區經濟增長特徵質的差別呢？因此，從經濟意義上對人力資本適配度門檻的合理性進行判定甚為重要。

客觀地說，本書計算得到的人力資本適配度門檻值（HF = 0.32）具有相對合理性。首先，對門檻上與門檻下地區的劃分較為合理，該門檻值能夠辨識出中國經濟增長中最明顯的地區差異。門檻上地區都是目前中國經濟較發達的地區，而門檻下地區均是經濟不夠發達或很不發達的地區，排序上也較為合理。這說明該門檻值在區域經濟增長模式差異上具有較強的識別能力。其次，這種合理性又是相對的。主要表現兩個方面：一是在臨界點及附近地區上，人力資本適配度差異不大，在經濟增長模式上也不應該存在太大差異；二是從經濟增長影響因素的表現來看，門檻上地區的經濟增長模式差異性較大。從主要的經濟增長路徑上看，有產業結構高級化推動的，如北京、上海；有技術進步促進的，如北京、上海、天津；有制度效應推動的，如廣東、浙江、江蘇、福建；也有資本投入帶動的如山東、遼寧。然而，這種差異因自由度過低以及數據本身差異較小未能識別。

鑒於本書是從總體上把握中國經濟增長中的人力資本適配性問題，能夠用人力資本適配度識別出主要的經濟增長差異已經達到研究目的，因此仍然採用該門檻值作為劃分區域的依據。

5.4　本章主要結論

　　將人力資本適配度引入經濟增長模型，經過估計和檢驗，證實以人力資本適配度所反應的有效人力資本在經濟增長中發揮著積極的促進和推動作用，不僅使資本與勞動力投入保持規模報酬不變，而且給經濟增長帶來較強的外部效應。

　　為了更好地解釋中國經濟增長中地區「趨異」現象，本章對所建立的經濟增長模型進行了人力資本適配度門檻檢驗。檢驗結果表明中國經濟增長中確實存在人力資本適配度門檻，統計檢驗證實該門檻值能夠有效識別地區經濟增長路徑的差異。依據此門檻值將中國各省市區劃分為兩大區域，即跨越人力資本適配度門檻的地區與未過人力資本適配度門檻的地區。

　　對兩區域分別建立經濟增長模型，實證分析結果顯示，跨越人力資本適配度門檻的地區資本產出彈性（0.504）明顯低於后者（0.829），而勞動力的產出彈性（0.461）則明顯高於后者（0.219）。這說明在人力資本適配度較高的地區，資本投入在經濟增長中的作用相對較低，而勞動力的貢獻則相對較高。兩區域經濟增長模型中人力資本適配度的產出彈性差距相對較小，在10%的臨界水平上顯著，說明人力資本適配度在兩區域的作用有一定的差異，但差距不甚明顯。由於人力資本適配度較低的地區有著更大的產出彈性（0.348），說明若能有效提高其人力資本適配度，將有助於實現經濟快速增長。因此，落後地區應首先實現向發達地區人力資本適配度的「追趕」，從而實現經濟增長的「追趕」。

第六章
中國人力資本適配性影響因素辨析

人力資本適配度門檻效應表明，中國人力資本二元結構現象較為明顯，使地區經濟實力、經濟增長要素投入特徵以及經濟結構的優化程度都出現了很大的差距，由此帶來跨越人力資本適配度門檻與未過人力資本適配度門檻兩個不同區域經濟增長模式的巨大差異。本章從影響人力資本適配性的因素入手，識別中國經濟增長中影響人力資本適配性的重要因素及其區域差異，為尋求提升人力資本適配性促進經濟增長的有效途徑提供依據。分析中為表述方便，將跨越人力資本適配度門檻的地區簡稱為門檻上地區，而未過人力資本適配度門檻的地區則簡稱為門檻下地區。

6.1 影響人力資本適配性的主要因素

影響人力資本適配性的因素大致可從三個方面進行觀察：一是人力資本形成的途徑，即教育培訓、「干中學」、「健康」以及「遷移流動」；二是人力資本在結構變化和制度變遷中的流動與配置能力；三是由此形成的特定人力資本類型的影響，高素質人力資本比重的提高也會提高人力資本總體適配度。將這三個方面進一步具體化，將影響人力資本適配性的因素界定為勞動力的受教育程度、人力資本投資、人力資本類型、人力資本區域流動以及制度變遷的影響，並觀察這些因素與人力資本適配度之間的關係。見表6-1。

6.1.1 勞動力受教育程度

根據2007年全國各地區就業人員受教育程度構成，計算各地區就業人員平均受教育年限，並分別統計初中及以下受教育

程度、高中和大專及以上受教育程度的人員比例,觀察就業人員受教育水平和構成與人力資本適配度的關係。

表6-1 全國各地區就業人員平均受教育年限和教育程度構成

地區	人力資本適配度	初中及以下(%)	高中(%)	大專及以上(%)	平均受教育年限(年)
上海	0.704	35.1	27.48	27.68	11.30
北京	0.674	33.0	24.49	34.23	11.77
廣東	0.620	52.4	17.84	8.09	9.33
江蘇	0.559	47.9	14.27	6.68	8.61
浙江	0.541	42.1	12.10	8.02	8.40
天津	0.520	42.8	25.22	17.42	10.37
福建	0.424	38.6	12.15	7.28	8.17
山東	0.420	53.2	11.84	5.22	8.47
遼寧	0.320	53.0	13.41	9.72	9.22
四川	0.288	38.1	7.83	4.11	7.51
河南	0.279	57.8	11.11	4.11	8.44
湖北	0.274	43.6	14.51	6.84	8.43
重慶	0.253	86.4	9.49	4.07	7.87
海南	0.252	53.5	14.20	5.20	8.60
江西	0.248	40.5	13.60	8.88	8.63
河北	0.246	56.5	10.54	4.38	8.54
吉林	0.241	49.4	15.23	7.40	8.98
安徽	0.236	44.9	7.26	3.49	7.25
黑龍江	0.232	53.4	14.50	7.50	9.07

表6-1(續)

地區	人力資本適配度	就業人員受教育程度構成			平均受教育年限（年）
		初中及以下（%）	高中（%）	大專及以上（%）	
陝西	0.228	45.0	13.65	8.15	8.49
湖南	0.226	48.2	12.87	5.61	8.54
新疆	0.219	44.6	10.69	10.57	8.78
廣西	0.215	52.9	9.89	4.27	8.38
山西	0.208	56.9	13.67	7.86	9.16
內蒙古	0.208	44.3	14.02	7.90	8.54
寧夏	0.205	39.6	10.66	9.30	7.92
雲南	0.191	30.3	5.92	3.53	6.76
青海	0.188	28.5	9.71	9.19	7.25
貴州	0.187	33.8	5.53	4.16	6.86
甘肅	0.151	35.1	8.59	4.04	6.78

資料來源：《2008年中國勞動統計年鑒》表1-44。其中：平均受教育年限的計算是分別假定未受過教育、小學、初中、高中、大專、本科、研究生的受教育年限分別為0、6、9、12、15、16和19年，利用就業人員在各級受教育程度中分佈的比重進行加權平均得到。

計算各地區就業人員的受教育程度構成和平均受教育年限與人力資本適配度的相關係數，如表6-2所示：

表6-2　各地區就業人員受教育情況與人力資本適配度相關性

	人力資本適配度	初中及以下（%）	高中（%）	大專及以上（%）	受教育年限
人力資本適配度	1				
初中比例	-0.110,7	1			

表6-2(續)

	人力資本適配度	初中及以下（%）	高中（%）	大專及以上（%）	受教育年限
高中比例	0.747,1	-0.072,6	1		
大專及以上比例	0.683,3	-0.330,7	0.836,6	1	
受教育年限	0.715,6	0.056,8	0.936,3	0.844,6	1

　　由相關係數矩陣可知，人力資本適配度與就業人員平均受教育年限相關係數為0.715,6，具有顯著正相關關係。從受教育程度構成來看，人力資本適配度與就業人員中具有高中學歷人員的比重相關性最強，相關係數為0.747,1，與大專及以上學歷人員的比重也是顯著相關。初中及以下人員比重與人力資本適配度有微弱的負相關關係，說明初中及以下受教育程度就業人員比重高的地區人力資本適配度較低。

　　然而分區域來看，人力資本適配度門檻之上的地區和門檻之下的地區卻是大不相同。如表6-3所示，門檻上地區人力資本適配度與受教育程度較高的就業人員比重顯著相關，初中及以下受教育程度的就業人員與人力資本適配度顯現出顯著的負相關關係。說明在這一區域人力資本適應能力的提高主要依靠具有高中及以上學歷的就業人員，而就業人員受教育程度的提高則能有效提升人力資本適配度。

　　門檻下地區的情況則完全相反。表6-4顯示，人力資本適配度與就業人員的平均受教育年限相關性大大下降，僅為0.445,4。從受教育程度構成來看，門檻下地區初中及以下受教育程度就業人員對人力資本適配度有著較大的正影響，高中文化程度的就業人員相關性次之，高層次文化水平的就業人員卻與其人力資本適配度呈現微弱的負相關關係。

表6-3 門檻上地區就業人員受教育情況與人力資本適配度相關性

	人力資本適配度	初中及以下（%）	高中（%）	大專及以上（%）	受教育年限
人力資本適配度	1				
初中及以下%	-0.583,8	1			
高中%	0.713,2	-0.590,7	1		
大專及以上%	0.666,3	-0.763,8	0.867,1	1	
受教育年限	0.664,8	-0.599,1	0.936,5	0.963,4	1

表6-4 門檻下地區就業人員受教育情況與人力資本適配度相關性

	人力資本適配度	初中及以下（%）	高中（%）	大專及以上（%）	受教育年限
人力資本適配度	1				
初中及以下%	0.458,3	1			
高中%	0.326,1	0.295,5	1		
大專及以上%	-0.120,8	-0.194,1	0.560,3	1	
受教育年限	0.445,4	0.487,4	0.870,9	0.963,4	1

由此說明，地區間人力資本適配度差異跟就業人員的受教育程度有很大關係，但這種關係受地區經濟增長水平影響而呈現出不同的特徵。在門檻上地區，受教育程度較高的勞動者對經濟增長貢獻較大，受教育程度較低的勞動者則受到排斥。而在門檻下地區，經濟增長主要依靠受教育程度較低的勞動者，高學歷勞動者對該區域人力資本適配性水平沒有明顯的促進作用。這與其較低的經濟水平、落后的經濟結構有著密切的聯繫。

6.1.2 人力資本投資

舒爾茨認為，人力資本也是資本，需要通過投資來形成。而人力資本主要是通過教育培訓、醫療保健、「干中學」以及遷移流動形成的，因此人力資本投資主要表現為在教育和培訓上的投資、醫療保健投資以及遷移流動的機會成本。

然而，由於各地區遷移流動的機會成本較難把握，考慮到低素質勞動者通常對機會成本不敏感，因此，主要從教育、培訓和醫療保健投資來研究人力資本投資與人力資本適配度的關係。

6.1.2.1 人力資本教育研發與培訓投資

人力資本教育培訓可分為公共投資與私人投資。從內容上看大致包括三個方面：一是用於教育、文化和娛樂的投資，二是用於職業訓練的投資，三是研發投入。由此形成五種人力資本教育培訓投資類型，即公共教育投資、私人教育投資、公共職業培訓投資、私人職業培訓投資和公共研發投資。為此，分別研究各類人力資本教育培訓投資與人力資本適配度之間的關係。

其中，公共教育投資是採用各地方財政支出中的「科教文衛事業費」數據，私人教育投資則是採用城鄉居民消費支出中教育文化娛樂的數據。要注意的是，這些數據中既包括了正規教育投資，也包括職業教育投資，而私人教育投資中還包括了用於接受職業培訓的個人支出。因此這裡的人力資本教育投資既包含正規教育投資也包含公共職業教育投資，以及個人接受職業教育與職業訓練支出的概念。為避免重複，人力資本培訓投資重點反應企業進行職業訓練的投資。

（1）人力資本教育投資

根據人力資本投資數據計算了政府財政支出中用於教育和

文化方面的支出作為公共投資部分，私人投資則是城鄉居民消費支出中用於文化娛樂教育的費用之和。考慮到各地區人口基數不同，教育投資又帶有公共品性質，因此採用人均教育投資數據用於分析。見表6-5。

表6-5 人力資本教育投資與人力資本適配度相關性

	人力資本適配度	人均公共教育投資	人均私人教育投資
人力資本適配度	1		
人均公共教育投資	0.709,1	1	
人均私人教育投資	0.918,8	0.856,6	1

相關性分析表明，人力資本適配度與教育投資的相關性較強。尤其是私人教育投資，與人力資本適配度的相關性達到了0.918,8，高度正相關，這說明個人對教育投資的重視有助於人力資本適配度的提高。因此，教育投資對於人力資本適配性有很強的促進作用，而公共教育投資的作用小於私人教育投資的作用。

由於門檻上地區與門檻下地區的人力資本水平和結構有著顯著區別，因此這兩個區域人力資本投資對人力資本適配度形成的影響必然存在較大差異。分別對兩區域分析其人力資本適配度與人力資本教育投資的相關性發現，門檻上地區無論是私人教育投資還是公共教育投資對人力資本適配度都有著非常顯著的正向促進作用。這說明該區域的公共教育投資效率較高，私人教育投資在其人力資本適配性形成上發揮著重要作用。見表6-6。

表6-6　門檻上地區人力資本適配度與人力資本教育投資相關性

	人力資本適配度	人均公共教育投資	人均私人教育投資
人力資本適配度	1		
人均公共教育投資	0.748,6	1	
人均私人教育投資	0.904,2	0.916,2	1

此外，門檻上地區人均公共教育投資與私人教育投資的相關性明顯高於整體，說明其公共教育投入與私人教育投資匹配度較好。

門檻下地區的公共教育投資對人力資本適配度有較明顯的負面影響，私人教育投資有微弱的正向相關性，如表6-7所示：

表6-7　門檻下地區人力資本適配度與人力資本教育投資相關性

	人力資本適配度	人均公共教育投資	人均私人教育投資
人力資本適配度	1		
人均公共教育投資	-0.440,2	1	
人均私人教育投資	0.218,5	0.052,6	1

由此表明門檻下地區教育投資的增長並未帶動人力資本累積和適配性的提升，教育投入效率低、人力資本投資浪費現象嚴重。同時由於高級人力資本向較發達地區的流動，形成兩區域人力資本的「馬太效應」，進一步加大了兩個區域在人力資本適配性水平上的差異。此外，門檻下地區的公共教育投資與私人教育投資幾乎沒有相關性，即公共教育投資高的地區私人教育投資不高，而私人教育投資高的地方公共教育投資不高，兩

種投資不匹配相互牽扯，使教育投資總量偏低，也是影響人力資本適配度累積的原因之一。

（2）企業培訓投資

職業訓練的目的是通過知識和能力的獲取適應職業生活的要求，由於人力資本也會貶值，因此，要維持終身職業生活就需要不斷地開發與工作相關的能力。職業訓練與正規教育有著顯著的不同，正規教育提供的是「通識」，重在培養基本素質，而職業訓練則是「專識」，重在培養專業能力。廣義的職業訓練對象還應涵蓋包括應屆畢業生、在職人員以及失業者在內的人員，對職業能力的開發是職業訓練的主要內容。然而由於公共職業教育投資已經涵蓋在了教育投資中，因此這裡只分析企業在人力資本累積和適配性提升方面進行的投資，即企業在職教育和訓練的投資。

由於就業人員是人力資本的直接載體，而就業人員的知識和能力的累積與其工作內容和工作技能密切相關。因此，強化就業人員在實際工作中的學習和訓練對於提升整個地區的人力資本水平和適應性都有著非常重要的作用。正因如此，很多發達國家都非常重視企業員工的在職培訓。如美國最大的100家工業企業中用於科技人員專業知識更新和拓展的經費每年增長25%，每年接受教育培訓的工程師占工程師總數的20%。根據美國最大的培訓產業雜誌 *Training Magazine*（2005 Industry Report）所提供的信息，2005年美國企業培訓的總開銷達到511億美元，扣除工資后，培訓產品和服務的開銷也有135億美元（譚永生，2007）。英國將在職培訓作為政府社會福利，與培訓機構和企業合作，向企業主提供補貼，鼓勵員工用帶薪假期參加培訓。據統計，英國平均每位經理每年有8.5天的時間是用來專門接受培訓。日本的職業培訓則定位於開發員工終身職業能力，更具系統性和連續性。由於終身雇傭的原因，日本雇主

總是花大力氣為新雇員提供一流的職業技能。而三星等韓國大企業每年用於培養人才的經費高達 6,000 多萬美元，人均投資相當於美國、西歐國家大中型企業的兩倍（徐文銀和範偉紅，2007）。

根據「中國企業人力資源管理發展報告」課題組對中國企業員工培訓現狀的調查，中國企業在員工培訓經費的投入上普遍較低。其中，在被調查企業中僅有 8.7% 的企業培訓經費投入相對較高，大約占企業銷售收入 3‰ 以上。而 48.2% 的企業培訓經費投入很低，占銷售收入的比重在 0.5‰ 以下。從地區差異來看，中、西部企業培訓經費投入占企業銷售收入 5‰ 以上的比例分別為 5.6% 和 4.5%，高於東部企業（中國企業人力資源管理發展報告課題組，2007）。

國家教育發展研究中心「構建學習型社會和終身學習體系」課題組 2004 年對中國廣東、浙江、山東、湖南、甘肅等九省 154 個企業的 555 名管理人員和 8,176 名員工以及名農村勞動者的在職學習培訓情況調查也顯示企業的培訓費用總體上偏低，而且企業之間很不平衡。高新技術企業和技術水平與現代化管理水平較高的企業職工培訓費用略高，人均培訓費用為 1,021 元，而技術進步比較慢的企業員工人均培訓費用為 300 元左右。而企業培訓費用的分擔比例，企業承擔的費用占 59%，員工承擔 24%，政府承擔 13%（郝克明等，2005）。

南京大學商學院趙曙明和吳慈生（2003）對 31 家中國企業集團所作的調查顯示，企業集團對員工培訓較為重視，其年度預算方案均設有員工培訓，用於新員工培訓和員工專項技能開發。儘管企業集團高度重視員工培訓，但預算經費大部分都低於國家法定的標準。其中，培訓經費占員工工資在 0.5% 以下的企業集團占 38.7%，在 0.5%～1.5% 的企業集團也占 38.7%，1.5%～3% 的企業集團占 19.4%，3% 以上的企業僅占 3.2%

(趙曙明和吳慈生，2003)。由此可見，不管是普通企業還是企業集團，儘管都認同員工培訓的重要性，但在經費投入力度上都比較小，大部分都沒能達到國家規定的最低標準。

據麥肯特企業顧問有限公司副總裁劉昆提供的數據，在美國的製造業，大約每年有4%的銷售收入投入了員工的不定點培訓之上[①]，遠遠高於中國3‰~5‰的水平；對這個行業的從業人員來講，平均參與該類培訓的時間是每年2.3天，與此同時，定點培訓則是每週1.64小時。全世界最大的培訓組織ASTD(美國培訓與發展協會)，在全世界的42個國家調查了超過550家的企業后，發現這些企業的平均培訓支出在1997年占員工工資的1.8%，2000年增長到員工工資的2.5%，而2001年與2002年在美國經濟發展速度放緩甚至有所衰退的情況下，企業對培訓的支出卻增長了37%。

根據以上的調查分析，中國企業的員工培訓經費大多未達到國家規定的職工工資總額1.5%的比例，與發達國家相比差距懸殊。但是由於統計數據難以取得，因此採用譚永生(2007)的做法，用企業職工工資總額的1.5%來代替企業的員工培訓投入。

根據《2008年中國勞動統計年鑒》分地區分行業在崗職工人數和工資總額數據計算出各地區企業員工培訓經費以及人均培訓經費。從工資總額的構成來看，各地區製造業就業人員工資占了最大比重，占工資總額的24.6%。按從大到小的順序依次是建築業、交通運輸倉儲郵政業、金融業和採礦業。這5類行業工資占所有19類行業工資總額的47%，具有較強的代表性，因此重點對這5類行業展開研究。見表6-8。

---

① 數據摘自新浪財經2005年8月23日《企業如何做好員工培訓》一文

表6-8　　　　分地區主要行業員工培訓經費情況

地區	企業職工工資總額（千元）	人均培訓經費（元）	主要行業人均培訓經費（元）				
			製造業	建築業	交通運輸	金融業	採礦業
上海	143,722,156	739.65	592.24	790.48	732.01	1,482.16	1,273.17
北京	219,427,429	697.61	500.70	510.23	584.23	1,949.73	618.62
廣東	285,498,653	441.64	330.05	313.58	570.44	1,053.42	473.98
江蘇	180,665,108	410.61	328.42	310.47	429.88	791.37	450.67
浙江	192,422,277	466.30	310.16	347.02	554.15	1,120.88	359.16
天津	60,265,337	524.07	431.78	555.21	635.77	1,158.89	643.25
福建	94,812,956	334.25	271.55	317.55	456.03	788.52	309.58
山東	199,263,557	342.67	273.05	275.83	427.89	635.49	462.80
遼寧	110,279,669	348.03	325.24	258.68	381.17	580.97	412.68
四川	109,159,719	319.68	284.24	225.18	362.47	574.20	327.01
河南	143,135,294	314.02	265.01	253.72	340.04	509.18	468.46
湖北	87,128,492	297.26	265.62	251.69	314.21	495.86	308.48
重慶	49,987,426	346.47	316.41	270.56	326.43	721.81	325.73
海南	14,400,666	290.36	246.48	232.47	450.96	631.59	280.50
江西	49,941,972	276.00	232.45	227.99	371.20	435.39	258.13
河北	97,320,710	298.66	257.65	231.67	331.98	448.91	460.87
吉林	52,870,460	307.69	313.43	214.58	305.05	436.77	371.50
安徽	70,890,722	332.69	286.01	261.93	272.04	475.80	549.20
黑龍江	88,411,041	290.79	267.38	261.92	322.28	470.27	362.90
陝西	69,861,371	319.44	270.55	228.76	366.97	509.85	439.51
湖南	87,081,884	323.01	296.73	250.70	334.45	463.84	262.12
新疆	53,323,954	321.51	307.69	269.86	487.30	572.05	510.67
廣西	58,721,552	328.47	297.13	282.57	366.47	589.09	318.48
山西	78,495,880	322.88	256.17	253.26	384.12	459.90	464.15
內蒙古	53,658,869	328.26	287.22	231.79	394.95	453.21	410.01

表6-8(續)

地區	企業職工工資總額（千元）	人均培訓經費（元）	主要行業人均培訓經費（元）				
			製造業	建築業	交通運輸	金融業	採礦業
寧夏	15,002,429	393.15	293.40	270.44	382.76	672.33	634.48
雲南	56,649,254	307.21	309.37	216.04	395.05	551.62	285.14
青海	11,206,440	392.49	305.16	245.24	448.12	470.81	429.07
貴州	43,924,569	310.02	271.62	220.28	331.53	598.09	307.28
甘肅	38,813,774	314.80	320.46	199.45	382.57	376.92	404.38

資料來源：《2008年中國勞動統計年鑒》表3-4。

各地區人均培訓經費開支與調查結果基本吻合，大致說明這樣的技術處理具有合理性。考察各地區人力資本適配度與人均培訓經費的相關性（見表6-9），其相關係數達到0.833,1，表現為高度的正相關關係，這說明企業在員工培訓上的投入在人力資本適配度形成上有著積極的正向作用。

表6-9 各地區人力資本適配度與人均培訓經費相關係數表

相關係數	人均培訓經費	主要行業人均培訓經費				
		製造業	建築業	交通運輸	金融業	採礦業
人力資本適配度：						
全國	0.833,1	0.719,6	0.790,6	0.807,5	0.880,5	0.564,0
門檻上地區	0.848,1	0.731,9	0.692,9	0.804,7	0.832,3	0.564,0
門檻下地區	-0.334,3	-0.437,6	0.231,7	-0.336,3	0.188,6	-0.159,8

分區域來看，門檻上地區人力資本適配度與人均培訓經費高度正相關，而門檻下地區則總體表現出負向的相關關係，尤其是製造業的負相關關係較為明顯。這說明門檻下地區的企業培訓投資在人力資本適配度形成上缺乏有效性。為進一步研究不同區域企業培訓投資行為的差異及其在人力資本適配度形成

上的作用，對各地區人均培訓經費情況進行描述統計分析。見表6-10。

表6-10　　各地區人均培訓經費描述統計

	單位	人均培訓經費	製造業	建築業	交通運輸	金融業	採礦業
全國：							
平均	元	367.99	310.45	292.64	414.75	682.63	439.40
標準差	元	110.47	74.69	122.03	106.76	349.65	190.52
標準差系數	%	30.02	24.06	41.70	25.74	51.22	43.36
全距	元	463.65	359.79	591.03	459.97	1,572.81	1,015.05
最小值	元	276.00	232.45	199.45	272.04	376.92	258.13
最大值	元	739.65	592.24	790.48	732.01	1,949.73	1,273.17
門檻上地區：							
平均	元	478.31	373.69	408.78	530.17	1,062.38	555.99
標準差	元	150.28	110.78	176.24	114.69	438.59	289.91
標準差系數	%	31.42	29.64	43.11	21.63	41.28	52.14
全距	元	405.41	320.70	531.80	350.83	1,368.76	963.59
最小值	元	334.25	271.55	258.68	381.17	580.97	309.58
最大值	元	739.65	592.24	790.48	732.01	1,949.73	1,273.17
門檻下地區：							
平均	元	320.71	283.34	242.86	365.28	519.88	389.43
標準差	元	28.93	24.67	22.29	51.96	87.29	101.35
標準差系數	%	9.02	8.71	9.18	14.22	16.79	26.03
全距	元	117.14	88.01	83.12	215.26	344.89	376.36
最小值	元	276.00	232.45	199.45	272.04	376.92	258.13
最大值	元	393.15	320.46	282.57	487.30	721.81	634.48
兩區域差距	元	157.61	90.34	165.92	164.89	542.50	166.56

統計數據顯示，各地區人均培訓經費低，差異巨大，但門檻下地區的差異性遠遠小於門檻上地區。

門檻上地區內部在企業培訓經費投入上出現較大的分化。其中上海、北京、天津水平相近，廣東、江蘇、浙江相近，而

福建、山東、遼寧的培訓投入卻與門檻下地區較為接近。這樣的差異明顯與地區經濟增長模式密切相關。山東、遼寧和福建人力資本適配度相對較低，其中山東和遼寧是典型的資本投入帶動經濟增長；廣東、江蘇、浙江則主要發展勞動密集型產業，人力資本素質一般但適應能力強；上海、北京、天津主要是發展知識和技術密集型產業，對勞動力素質和技能有較高的要求，三個直轄市都表現為排斥普通勞動者的就業特徵。以上差異造成該區域人力資本培訓投資的分化。

門檻下地區的企業培訓投入則相對集中，差異不大。這是因為這些地區經濟增長方式相近，技術水平相近，對物質資本和人力資本的開發和利用效率也相近的原因。因此，經濟增長階段和經濟增長方式對於企業培訓投入行為是有著深刻影響的。

從行業上來看，各地區金融業對員工培訓的力度較強。最高的是北京，人均培訓經費接近 2,000 元，全國的平均水平也在 500 元以上，是五類行業中培訓投入最高的。而工資總額占比最大的製造業其人均培訓經費在五類行業中也是最小的。這說明無論是人力資本適配度門檻之上還是之下的地區，其製造業的技術水平還相對落後，對人力資本知識和技能水平的要求不高，人力資本培訓的力度也比較小。與此相類似的還有採礦業和建築業。而金融業由於對員工專門知識和技能的要求較高，在培訓上的投入自然更大。這說明員工培訓經費投入的決策與行業的知識和技術含量密切相關。

(3) 研發投資

由於科研活動具有多層次多類型的特徵，因此採用地區科技活動經費籌集來反應地區研發投資水平。科技活動經費籌集總額從來源看，可分為政府籌集資金、企業籌集資金和金融機構貸款三大主要來源。從研發主體來看，按重要性又可分為研究與開發機構、大中型工業企業和高等學校三大研發主體。為

深入瞭解研發投資對人力資本適配度的影響，這裡不僅給出了各地區的科技活動經費籌集總額數據，還分別從來源和主體兩方面研究不同類型的研發投資在人力資本累積中的重要性。全國各地區科技經費籌集情況見表6-11、表6-12。

表6-11　　　按來源分各地區科技經費籌集情況

地區	人均科技經費	人均科技經費來源					
		政府資金	比重	企業資金	比重	金融機構貸款	比重
	元	元	%	元	%	元	%
上海	3,020.79	726.26	24.04	2,077.04	68.76	36.05	1.19
北京	6,076.43	2,915.08	47.97	2,297.75	37.81	51.22	0.84
廣東	757.58	71.62	9.45	617.00	81.44	38.75	5.11
江蘇	1,227.00	157.35	12.82	926.50	75.51	106.78	8.70
浙江	1,149.70	121.24	10.55	908.32	79.00	83.42	7.26
天津	2,494.53	313.14	12.55	1,927.85	77.28	123.43	4.95
福建	551.36	63.10	11.44	411.77	74.68	57.00	10.34
山東	653.48	53.90	8.25	541.85	82.92	41.70	6.38
遼寧	668.44	154.37	23.09	470.65	70.41	21.62	3.23
四川	378.80	134.40	35.48	206.28	54.45	16.27	4.30
河南	250.90	37.48	14.94	187.14	74.59	16.38	6.53
湖北	405.26	126.08	31.11	231.65	57.16	13.12	3.24
重慶	374.87	58.69	15.66	266.14	70.99	24.38	6.50
海南	131.89	56.31	42.70	67.87	51.46	1.23	0.93
江西	209.28	46.37	22.16	139.96	66.88	15.70	7.50
河北	236.22	46.28	19.59	175.85	74.45	5.87	2.48
吉林	449.14	110.72	24.65	300.42	66.89	20.29	4.52
安徽	329.24	65.62	19.93	206.19	62.63	41.52	12.61
黑龍江	346.40	121.67	35.12	184.94	53.39	23.38	6.75
陝西	596.11	325.89	54.67	220.08	36.92	13.19	2.21
湖南	250.26	42.39	16.94	182.54	72.94	9.78	3.91
新疆	173.08	41.70	24.10	109.51	63.27	7.61	4.40

表6-11(續)

地區	人均科技經費 元	人均科技經費來源					
		政府資金 元	比重 %	企業資金 元	比重 %	金融機構貸款 元	比重 %
廣西	132.78	29.96	22.56	88.28	66.48	6.81	5.13
山西	527.36	60.02	11.38	442.35	83.88	14.55	2.76
內蒙古	206.10	47.22	22.91	141.62	68.71	8.44	4.10
寧夏	324.00	58.75	18.13	235.67	72.74	25.01	7.72
雲南	138.93	47.72	34.34	77.60	55.85	6.96	5.01
青海	247.89	64.45	26.00	167.42	67.54	5.86	2.37
貴州	103.74	23.52	22.67	67.57	65.14	5.45	5.25
甘肅	276.63	72.34	26.15	186.65	67.47	3.86	1.40

表6-12 按研發主體分各地區人均科技經費籌集情況

地區	人均科技經費 元	人均科技經費研發主體構成					
		研發機構 元	比重 %	大中型工業企業 元	比重 %	高等學校 元	比重 %
上海	3,020.79	537.07	17.78	1,491.86	49.39	355.60	11.77
北京	6,076.43	2,489.66	40.97	648.87	10.68	646.58	10.64
廣東	757.58	37.76	4.98	563.26	74.35	33.96	4.48
江蘇	1,227.00	116.44	9.49	867.54	70.70	73.60	6.00
浙江	1,149.70	59.78	5.20	632.65	55.03	69.17	6.02
天津	2,494.53	167.55	6.72	1,550.64	62.16	175.61	7.04
福建	551.36	28.12	5.10	336.78	61.08	22.42	4.07
山東	653.48	34.75	5.32	519.68	79.52	21.49	3.29
遼寧	668.44	102.48	15.33	423.51	63.36	62.21	9.31
四川	378.80	129.23	34.11	169.72	44.80	33.25	8.78
河南	250.90	30.53	12.17	182.85	72.88	9.13	3.64
湖北	405.26	103.64	25.57	171.84	42.40	58.25	14.37
重慶	374.87	22.44	5.99	273.13	72.86	42.41	11.31
海南	131.89	51.88	39.34	43.89	33.28	8.19	6.21

表6–12(續)

地區	人均科技經費	人均科技經費研發主體構成					
		研發機構	比重	大中型工業企業	比重	高等學校	比重
	元	元	%	元	%	元	%
江西	209.28	25.64	12.25	150.89	72.10	17.77	8.49
河北	236.22	34.27	14.51	153.32	64.91	13.82	5.85
吉林	449.14	98.74	21.98	221.83	49.39	47.78	10.64
安徽	329.24	41.50	12.60	235.24	71.45	27.94	8.49
黑龍江	346.40	65.21	18.82	174.58	50.40	69.20	19.98
陝西	596.11	240.05	40.27	186.23	31.24	105.08	17.63
湖南	250.26	18.11	7.23	131.22	52.43	32.49	12.98
新疆	173.08	36.43	21.05	110.53	63.86	6.32	3.65
廣西	132.78	21.46	16.16	83.17	62.64	13.29	10.01
山西	527.36	40.93	7.76	422.69	80.15	18.20	3.45
內蒙古	206.10	28.32	13.74	149.24	72.41	9.79	4.75
寧夏	324.00	20.33	6.27	230.40	71.11	10.29	3.17
雲南	138.93	38.18	27.48	72.20	51.97	7.89	5.68
青海	247.89	27.19	10.97	165.03	66.58	8.88	3.58
貴州	103.74	16.38	15.79	71.99	69.40	4.81	4.64
甘肅	276.63	56.47	20.41	167.70	60.62	19.52	7.06

資料來源：根據《2008年中國科技統計年鑒》表1–15數據分類整理得來。

地區間科技經費投入差距非常大，人均科技經費最高的北京達到了6,000多元，而最低的貴州僅為100元左右，差距為60倍。考察人均科技經費與地區人力資本適配度之間的相關性，其相關係數為0.76，如表6–13所示，具有顯著正相關關係，這說明總體而言人均科技經費投入較高的地區其人力資本適配度相應也較高。從資金籌集來源看，人力資本適配度與企業科技資金投入高度正相關，而與政府資金投入的相關性則要弱很多。從研發主體的貢獻來看，大中型工業企業是人力資本研發投資的中堅力量，與人力資本適配度的關係非常密切，數據顯

示研發機構的投資對人力資本適配度的促進作用相對較小。

分區域來看，門檻上地區人均科技經費與人力資本適配度的相關性弱於全國水平。究其原因，是區域內投資差異過大造成的。其人均科技經費投入非常不平衡，最高投入是最低投入的11倍之多。從來源上看與全國趨勢相似，主要依靠企業資金。而從研發主體上看，門檻上地區科技經費籌集比重相差不大，三大主體發揮的作用較平衡，與高等學校相關性略強。

門檻下地區的人力資本適配度與人均科技經費表現為微弱的正相關關係。從資金來源上看，門檻下地區人力資本適配度與金融機構貸款的相關性較強，從研發主體上看高等學校和研發機構的研發經費投入與其相關性較強。

表6-13　人力資本適配度與人均科技經費及其構成的相關係數表

相關係數	人均科技經費	三大來源構成			三大研發主體構成		
		政府資金	企業資金	金融機構貸款	研發機構	大中型工業企業	高等學校
人力資本適配度：							
全國：	0.76	0.55	0.86	0.71	0.52	0.81	0.68
門檻上地區	0.66	0.54	0.72	0.11	0.52	0.51	0.66
門檻下地區	0.25	0.20	0.16	0.33	0.27	0.08	0.29

相關性分析表明門檻上地區的人力資本適配度與科技經費投入密切相關，而門檻下地區卻無此明顯的相關性。但科技經費投入總體對人力資本適配度具有正向的促進作用，加大科技經費投入對提升和區域人力資本累積是有利的。為此，進一步研究兩區域科技經費投入的特徵，從總量到構成，從來源到主體，對當前中國科技經費投入的情況進行分析。見表6-14。

表6-14　　　　　兩區域科技經費籌集及構成

指標	單位	全國	門檻上地區	門檻下地區
科技經費總額	萬元	76,951,501.70	51,617,120.20	25,204,066.20
人均科技經費	元	593.60	1,173.49	294.27
科技經費來源:				
政府資金	%	22.14	20.04	26.46
企業資金	%	67.44	69.40	63.41
金融機構貸款	%	4.99	5.00	4.95
研發主體:				
研發機構	%	16.43	14.85	19.70
大中型工業企業	%	56.04	55.39	57.66
高等學校	%	7.96	7.16	9.65

資料來源：根據《2008年中國科技統計年鑒》表1-15數據分類整理得來。要注意的是科技經費來源和三大研發主體資金占比均是與區域科技經費籌集總額相比，其和小於1。其中門檻上地區三大來源占比之和為94.44%，而門檻下地區為94.83%；門檻上地區三大研發主體科技資金占比之和為77.4%，門檻下地區為87.01%。

　　從區域科技經費籌集情況來看，地區間的研發投資差別較大。門檻上地區的科技經費占了全國總額的67%，經費籌集總額是門檻下地區的2倍，但總人口僅為門檻下地區的一半左右，造成了人均科技經費的巨大差別。從科技經費籌集的來源看，企業在其中發揮著非常重要的作用。門檻上地區與門檻下地區的企業資金占比都在60%以上，但門檻上地區的企業資金比重更大，超過了全國平均水平，接近70%。相比而言，政府資金在門檻下地區所起的作用更大。從研發主體來看，大中型工業企業在其中起著決定性的作用，其次是研究與開發機構和高等學校。從資金占比上看，門檻上地區的三大研發主體資金占比比門檻下地區低約10個

百分點，這說明該區域的中小型企業以及其他研發主體在研發投資上的積極性和投資力度都強於門檻下地區。

此外，門檻上地區的科技經費投資也出現了明顯的分化，與地區創新型經濟的發達程度密切相關。如北京、上海、天津的人均科技經費投入相對較高，在2,000元以上，江蘇和浙江的人均科技經費投入均在1,000元以上，廣東、山東、遼寧、福建的人均科技經費投入則處於500～1,000元的區間。門檻下地區人均科技經費投入的差異明顯較小，儘管陝西和山西的人均科技經費投入相對較高，但總體來看基本上處於200～500元區間。由此可見，人力資本適配性較差的地區，研發活動不活躍，對人力資本適配度的影響較小。人力資本適配性較好的地區研發活動相對活躍，但因經濟增長模式的不同而出現明顯差異。

6.1.2.2 人力資本醫療保健投資

健康狀況的改善與平均壽命的提高，將會顯著提高勞動者的工作時間和工作效率，減少生病帶來的工時損失，從而改善勞動者的產出能力。人力資本的醫療保健投資就是「通過醫療、保健、營養和體能鍛煉，以及閒暇與休息」來獲得的（中國人力資源開發研究會，2008）。醫療保健投資通過降低發病率和死亡率，直接增加有效勞動時間和有效勞動力。

人力資本醫療保健投資也分公共投資和私人投資兩部分，公共醫療保健投資指財政支出中的衛生費用，而私人醫療保健投資則是城鄉居民消費中的醫療保健支出。根據《2008年中國統計年鑒》整理出各地區的公共和私人醫療保健投資，同時分門檻上地區和門檻下地區與人力資本適配度進行相關性分析。見表6-15。

表6-15　兩區域人力資本適配度與醫療保健投資相關係數

相關係數	人均公共醫療保健投資	人均私人醫療保健投資	城鎮私人醫療保健投資	農村私人醫療保健投資
人力資本適配度：				
全國：	0.589,0	0.745,8	0.609,3	0.722,6
門檻上地區	0.683,1	0.551,6	0.386,7	0.677,5
門檻下地區	-0.470,5	0.121,6	0.061,5	0.022,7

人力資本適配度與醫療保健投資總體表現出較強的相關性，從全國來看，人力資本適配度與私人醫療保健投資尤其是農村醫療保健投資有著密切的相關關係。從兩區域來看，相關性特徵則明顯不同。門檻上地區人力資本適配度與公共醫療投資與農村私人醫療保健投資有更加強烈的正向相關性，說明在這一區域加大公共醫療投資和農村醫療保健投資力度能有效促進人力資本適配度的增長。而門檻下地區的私人醫療保健投資與人力資本適配度幾乎沒有相關性，其中的公共醫療保健投資甚至與人力資本適配度呈現較明顯的負相關。

因此，在門檻上地區，醫療保健投資對人力資本質量的提高對於促進經濟增長起到了顯著的作用。而門檻下地區的人均公共醫療投資處於較低水平，且基本保持穩定，對人力資本適配度的貢獻不明顯。從城鄉居民的醫療保健投資來看，門檻上地區農村居民醫療保健投資的提高對人力資本適配度有著更明顯的促進作用，而門檻下地區則無此相關性。

6.1.3　人力資本類型

6.1.3.1　對人力資本類型的劃分

對人力資本類型的研究由來已久，學者們根據自己的研究目的，從不同的研究視角對人力資本的類型進行了劃分。

舒爾茨（1975）在提出人力資本的概念之時，就總結了改

進人力的重要活動，提出人力資本投資的五項重要內容，即醫療和保健，在職人員培訓，正式建立起來的初等、中等、高等教育，不是由企業組織的為成年人組織的學習項目，個人和家庭適應就業機會變換的遷移。指出人類有五類能力具有經濟價值，即學習能力、完成有意義工作的能力、進行各種文娛體育的能力，創造力和應付非均衡的能力（張一力，2005）。

李忠民（1999）將人力資本類型與社會角色結合起來，根據各種社會角色能力的不同提出四種人力資本類型，即一般型人力資本，指具有社會平均知識存量和一般能力水平的人力資本，對應一般勞動者；技能型人力資本，指具有某項特殊技能的人力資本，對應專業技術人才；管理型人力資本，對應各級各類管理人員；企業家型人力資本，指面對不確定市場，具有決策、配置資源能力的人力資本。

王金營（2001）則將人力資本類型的劃分總結為兩種方法：一是按人力資本形成途徑進行劃分，由此產生了普通教育資本、專業技術知識資本、干中學資本、健康資本和遷移與職業選擇資本；另一種是按社會角色和作用來進行劃分，分為一般型人力資本、專業技術型人力資本、管理型人力資本、研究與開發型人力資本和決策型人力資本。

由於本書是以人力資本適配性為研究對象，考慮到人力資本結構變動對人力資本適配度會產生較大的影響，為研究各類型人力資本及其配置狀況在經濟增長中的作用，我們認為按照社會角色和作用來劃分人力資本類型更為合適。綜合學者們的觀點，充分考慮本書的研究背景，按經濟價值由低到高將人力資本劃分為五個類型。

（1）基礎型人力資本

基礎型人力資本指一般勞動者所擁有的社會平均知識存量和一般能力水平，其社會角色是普通勞動者，其特徵是這類人

力資本具有通用性、可替代性、經濟價值較低。

(2) 專業化人力資本

專業化人力資本是勞動者所擁有的專項技能，其產出能力高於基礎型人力資本，較基礎型人力資本需要更多的連續投資，包括接受教育、工作培訓、干中學和遷移等等。其對應的社會角色是各種具有專門技能的勞動者，以專業技術人員為主體的專業化人力資本具有一般專用性、部分不可替代性，具備較高的經濟價值。

(3) 管理型人力資本

管理型人力資本表現為勞動者在生產活動中促成各環節協調運作，進行控制和調節的能力。也具有一般專用性和部分不可替代性。對應的社會角色是普通的經營管理者。

(4) 研發型人力資本

研發型人力資本是指知識生產者進行知識生產和創新的能力。研發型人力資本對其載體——人有著更高的要求，是經濟主體實現技術進步、自主創新和持續增長能力的源泉，因此，研發型人力資本具有嚴格專用性、不可替代性以及更高的經濟價值。其對應的社會角色則是以 R&D 人員為主體的研究人員。

(5) 企業家型人力資本

按照熊彼特的觀點，企業家是專門從事「破壞性創造」的創新者，因此企業家型人力資本的主要功能是創新。體現為較強的創造力和應付非均衡的能力，主要表現在資源配置、發現新機會、組織管理創新等。企業家型人力資本能整合其他類型的人力資本，對其他類型人力資本發揮程度有著重要的影響，是最高級的人力資本。具有不可替代性、不可測度性。對應的社會角色是企業家。

6.1.3.2　人力資本類型對人力資本適配度的影響

為研究不同人力資本類型對人力資本適配度的影響，首先

需要搜集各種人力資本類型的基礎數據。

在數據搜集上難度較小的是研發型人力資本和專業化人力資本統計數據，但與其概念和內涵還是存在一定的差距。其中，研發型人力資本採用科技活動人員數來代表，基本合理。然而按照專業技術人員的統計口徑，卻包含了大部分專業化人力資本和部分管理型人力資本。

現行統計制度中對專業技術人員的統計只包括了城鎮單位中的專業技術人員和專業技術管理人員，但不包含公務員，這樣的劃分方法會在一定程度上低估專業化人力資本的規模。根據統計年鑑的解釋，專業技術人員具體指工程技術人員、農業技術人員、科研人員（自然科學研究、社會科學研究及實驗技術人員）、衛生技術人員、教學人員（含高等院校、中等專業學校、技工學校、中學、小學）、民用航空飛行技術人員、船舶技術人員、經濟人員、會計人員、統計人員、翻譯人員、圖書資料、檔案、文博人員、新聞、出版人員、律師、公證人員、廣播電視播音人員、工藝美術人員、體育人員、藝術人員及政工人員。而專業技術管理人員具體指企業、事業單位的領導；企業、事業單位下設的職能機構、企業的生產車間和輔助車間（或附屬輔助生產單位）中從事生產、技術、經濟管理和政治工作人員。按照公務員管理或參照公務員管理的人員不統計為專業技術人員。

企業家型人力資本的測度缺乏直接的統計資料支持，只能間接觀察。國外通常用雇主與雇員的比例來反應企業家人力資本存量（張一力，2005）。這個比例通常會隨人均收入的提高而增大，表明企業家人力資本價值升值。然而，中國現行統計數據無法反應雇主與雇員的比例，張一力（2005）採取用企業個數代替企業家人數的方法大致觀察企業家型人力資本存量。然而，這一做法似乎欠缺代表性。因為企業家人力資本價值仍是

有差異的，這種差異可以從企業規模上體現出來，規模太小的企業其企業家的人力資本價值相對較低。然而各地區規模以上的企業個數資料難以直接取得，因此選擇代表性較強規模較大的企業個數作為企業家的代表。根據資料的可獲得性和企業的行業與規模，將各地區規模以上工業企業、總承包建築業企業和限額以上批發、零售業、住宿和餐飲業法人企業個數加總，得到規模上企業個數代替企業家人數。但是應當注意的是這一做法無法觀察到大型企業和巨型企業的企業家人力資本的異質性，仍然有較大的局限性。

將各地區就業人員分為四個部分：一是各地區的專業技術人員數，代表專業化人力資本與管理型人力資本的規模；二是從事科學研究活動的人員數，代表研發型人力資本；三是企業家人數，近似用規模以上企業個數來代替，假定一個企業對應一個企業家，反應企業家型人力資本；四是剩余的就業人員則代表基礎型人力資本。利用專業技術人員、研發型人員以及普通勞動者占就業人員的比重來表示各種人力資本類型的構成，由此形成人力資本類型的基礎數據。各地區人力資本類型結構，見表6-14。

表6-16　　　　各地區人力資本類型結構（%）

地區	專業化與管理型人力資本比重	研發型人力資本比重	企業家型人力資本比重	基礎型人力資本比重
上海	8.125	2.599	0.275	89.001
北京	14.296	3.613	0.080	82.011
廣東	4.435	0.848	0.085	94.632
江蘇	4.814	1.044	0.105	94.037
浙江	4.045	0.962	0.148	94.845

表6－16(續)

地區	專業化與管理型人力資本比重	研發型人力資本比重	企業家型人力資本比重	基礎型人力資本比重
天津	10.963	2.603	0.253	86.181
福建	5.084	0.564	0.083	94.269
山東	4.446	0.628	0.073	94.853
遼寧	6.351	0.911	0.109	92.629
四川	3.465	0.437	0.041	96.057
河南	3.569	0.333	0.038	96.06
湖北	5.329	0.628	0.042	94.001
重慶	3.772	0.469	0.045	95.714
海南	4.320	0.214	0.057	95.409
江西	3.873	0.331	0.077	95.719
河北	4.568	0.382	0.053	94.997
吉林	7.470	0.846	0.067	91.617
安徽	2.834	0.315	0.032	96.819
黑龍江	6.596	0.693	0.088	92.623
陝西	5.757	0.774	0.028	93.441
湖南	3.396	0.364	0.029	96.211
新疆	9.023	0.377	0.055	90.545
廣西	3.553	0.242	0.030	96.175
山西	6.694	0.826	0.035	92.445
內蒙古	6.775	0.388	0.057	92.78
寧夏	6.011	0.468	0.085	93.436

表6-16(續)

地區	專業化與管理型人力資本比重	研發型人力資本比重	企業家型人力資本比重	基礎型人力資本比重
雲南	3.679	0.221	0.015	96.085
青海	5.401	0.404	0.034	94.161
貴州	2.920	0.172	0.013	96.895
甘肅	4.027	0.388	0.025	95.572

資料來源：根據《2008年中國統計年鑒》表4-11，表13-4以及《2008年中國科技統計年鑒》表1-14數據整理得來。

根據以上數據計算各種類型人力資本比重與人力資本適配度的相關係數，如表6-17所示（基礎型人力資本作為對比行列在最后）：

表6-17　人力資本適配度與人力資本類型的相關性

	總體適配度	專業化與管理型人力資本	研發型人力資本	企業家型人力資本	基礎型人力資本
總體適配度	1				
專業化與管理型人力資本	0.456,4	1			
研發型人力資本	0.778,8	0.829,0	1		
企業家型人力資本	0.727,9	0.488,8	0.695,3	1	
基礎型人力資本	-0.558,6	-0.989,2	-0.901,7	-0.568,5	1

相關係數顯示人力資本總體適配度與研發型人力資本和企業家型人力資本呈現較強的正相關關係，與專業化及管理型人力資本相關性較弱，與基礎型人力資本呈現明顯的負相關。由此說明經濟價值較高的人力資本在提高人力資本適配性上發揮著更重要的作用。儘管我們對企業家型人力資本的度量還比較

模糊，不夠準確，但也基本說明了企業家型人力資本在人力資本適配性培養中的重要地位。而研發型人力資本與企業家型人力資本較為明顯的相關性表明企業家在整合研發型人力資本形成現實產出上有著重要的作用。

門檻上地區人力資本適配度與研發型人力資本的相關性最強，企業家型人力資本相關性下降，與專業化及管理型人力資本也有一定的正相關關係，與基礎型人力資本顯著負相關。門檻下地區的人力資本適配度與企業家型人力資本相關性最強，但仍然弱於門檻上地區。其他人力資本類型構成對門檻下地區人力資本適配性無明顯影響，如表6-18與表6-19所示。需要說明的是分區域的企業家型人力資本對適配性的影響較總體明顯減弱，主要原因是由於劃分區域后，區域內數據差異較總體大，降低了相關性。

總體而言門檻上地區的研發活動與企業創新活動帶來了人力資本適配性的顯著提高，而門檻下地區的人力資本適配性與其影響因素的相關性多不明顯，總體來看仍然處於自發形成狀態。但應注意的是這一區域的企業家型人力資本對人力資本適配性強於其他人力資本類型，值得關注。

表6-18　門檻上地區人力資本適配度與人力資本類型的相關性

	總體適配度	專業化與管理型人力資本	研發型人力資本	企業家型人力資本	基礎型人力資本
總體適配度	1				
專業化與管理型人力資本	0.418,4	1			
研發型人力資本	0.649,1	0.945,2	1		
企業家型人力資本	0.358,7	0.299,2	0.477,8	1	
基礎型人力資本	-0.481,2	-0.996,1	-0.970,1	-0.359,7	1

表6-19 門檻下地區人力資本適配度與人力資本類型的相關性

	總體適配度	專業化與管理型人力資本	研發型人力資本	企業家型人力資本	基礎型人力資本
總體適配度	1				
專業化與管理型人力資本	-0.105,9	1			
研發型人力資本	0.157,7	0.602,4	1		
企業家型人力資本	0.299,6	0.504,0	0.308,7	1	
基礎型人力資本	0.076,4	-0.996,1	-0.669,8	-0.511,5	1

6.1.4 勞動力跨區流動

勞動力跨區流動對地區人力資本適配度的影響主要表現在兩個方面：一是高素質勞動力流入與低素質勞動力流出使區域人力資本適配度提高，二是高素質勞動力流出與低素質勞動力流入使區域人力資本適配度下降。

由於區域流動適配指數涵蓋了勞動力流動與流動效果指標，能夠較為全面地反應勞動力跨區流動的狀態，因此，觀察區域流動適配指數與人力資本適配度之間的關係，大致能夠反應出勞動力跨區流動對人力資本適配度的影響。

經計算，兩變量相關係數為0.85，說明勞動力跨區流動在促進人力資本適配度形成上有著非常重要的作用，但分區域來看卻有著明顯的差異。門檻上地區人力資本適配度與勞動力流動的相關係數為0.682,7，二者顯著相關，而門檻下地區相關係數卻只有0.117,9，二者幾乎沒有相關性。

由此看來，門檻上地區人力資本適配度的形成與其勞動力流動有著密切的聯繫。適配性較強的高素質勞動力流入，有助於人力資本適配度的提高。而門檻下地區人力資本水平較低的

勞動力流動未帶來有效人力資本累積，無益於人力資本適配度的提高。

6.1.5 制度變遷

制度變遷是中國經濟高速增長的重要源泉，制度變遷所帶來的經濟活力和勞動力的重新配置勢必對人力資本適配度產生深刻影響。

利用第四章所計算的制度變遷指數來衡量各地區市場化與對外開放的程度，並觀察其與人力資本適配度的關係。總體來看，制度變遷指數與人力資本適配度高度相關，相關係數達到 0.965,8。分區域來看，該相關性則有著顯著差異。門檻上地區相關係數為 0.883,8，而門檻下地區卻只有 0.595,0。因此，制度變遷總體上對人力資本適配度有著非常大的影響，但這種影響因地區差異而有所不同。在人力資本適配度較高的區域，制度變遷在提升人力資本適配度上發揮著更大的作用。由此說明人力資本適配度與制度變遷存在相輔相成的關係，跨越人力資本適配度門檻促進有效人力資本形成，才能與制度變遷形成良性互動。

6.2 門檻上地區人力資本適配性影響因素

對影響人力資本適配度的主要因素進行分析后，我們發現，在門檻上地區，幾乎所有的影響因素都比較顯著。但必須弄清的是，這些影響因素中哪些是更重要的影響因素？這些因素對人力資本適配度產生了多大的影響？為此，依據各影響因素的重要性和影響力度對人力資本適配度來源進行研究和分析。

根據影響人力資本適配度的主要因素，分勞動者受教育程度、人力資本投資、人力資本類型、勞動力流動和制度變遷五個板塊，利用迴歸分析研究各板塊對人力資本適配度的影響力度。

設迴歸模型如下式：

$$HF_i = \beta_0 + \beta_1 X_i + \varepsilon_i$$

$$(i = 1, 2, \cdots, 9) \tag{6-1}$$

將各板塊中的解釋變量依次帶入方程，進行迴歸得到輸出結果，如表6-20所示：

表6-20　門檻上地區人力資本適配度與影響因素迴歸結果匯總

解釋變量	單位	$\hat{\beta}_1$	t值（sig.）	F值	R
一、勞動力受教育程度					
平均受教育年限	年	0.063,2	2.354,5 ** (0.05)	5.543,6	0.664,8
高中學歷占比	%	0.014,1	2.691,9 ** (0.03)	7.246,3	0.713,2
大專及以上占比	%	0.008,1	2.364,0 ** (0.05)	5.588,5	0.666,3
初中及以下占比	%	-0.009,5	-1.902,6 * (0.10)	3.619,8	-0.583,8
二、人力資本投資					
1. 教育投資：					
人均教育投資	千元	0.098	4.245,1 ** (0.004)	18.021	0.848,7
人均公共教育投資	千元	0.179	2.986,9 ** (0.02)	8.921,3	0.748,6
人均私人教育投資	千元	0.193,6	5.601,7 ** (0.00)	31.379,2	0.904,2
2. 培訓投資：					
人均培訓經費	百元	0.071,3	4.235,8 ** (0.004)	17.942,4	0.848,1
3. 研發投資：					
人均研發經費	千元	0.045,7	2.296,5 * (0.055)	5.274,1	0.655,5
來源：政府資金	千元	0.007,3	1.689,8 (0.13)	2.855,4	0.538,3
企業資金	千元	0.121	2.761,7 ** (0.03)	7.626,9	0.722,1
金融機構	千元	0.000,4	0.304,4 (0.769,7)	0.092,7	0.114,3
主體：研發機構	千元	0.008,3	1.631 (0.15)	2.660,4	0.524,8
大中型工業企業	千元	0.144,8	1.570,3 (0.16)	2.465,8	0.510,4
高等學校	千元	0.003,9	2.297,1 * (0.055)	5.276,7	0.655,6
4. 醫療保健投資：					

表6-20(續)

解釋變量	單位	$\hat{\beta}_1$	t值（sig.）	F值	R
人均醫療保健投資	百元	0.017	2.125,9 * (0.07)	4.519,2	0.626,4
人均公共醫療保健投資	百元	0.041,7	2.474,9 ** (0.04)	6.125,1	0.683,1
人均私人醫療保健投資	百元	0.025,7	1.749,7 (0.12)	3.061,4	0.551,6
三、人力資本類型					
專業技術人員占比	%	0.014,9	1.219,0 (0.26)	1.485,8	0.418,4
研發人員占比	%	0.074,1	2.258,2 * (0.06)	5.099,6	0.649,2
企業家占比	%	0.588,9	1.016,7 (0.34)	1.033,8	0.358,7
普通勞動者占比	%	-0.013,1	-1.452,1 (0.19)	2.073,4	-0.481,2
四、勞動力流動					
區域流動適配指數	—	0.434,1	2.472,3 ** (0.04)	6.112,1	0.682,7
五、制度變遷					
制度變遷指數	—	0.538,2	4.997,0 ** (0.00)	24.969,6	0.883,8

註：*表示在0.1水平上顯著，**則表示在0.05的水平上顯著。

　　迴歸結果顯示，與人力資本適配度相關性最強的因素是教育投資，其次是企業對在職人員的培訓投資，接下來依次是勞動者的受教育程度、研發投資、醫療保健投資和人力資本類型的影響。將各解釋變量按其相關性進行排序，相關係數在0.8以上的依次為人均私人教育投資、制度變遷、人均教育投資和人均培訓經費。相關係數較高，在0.7～0.8區間的依次有公共教育投資、企業研發投資、就業人員中具有高中學歷的比重。相關係數在0.6～0.7區間的依次有公共醫療保健投資、勞動力流動、就業人員中具有大專及以上學歷的比重、人均研發投資、高等學校研發投資、研發型人力資本占比和人均醫療保健投資。相關係數在0.5～0.6區間的依次有私人醫療保健投資、政府研發投資、研發機構投資和大中型工業企業研發投資。相關係數在0.5以下的有三個指標，一是專業化人力資本占比，二是金融機構提供的研發資金，三是企業家型人力資本占比。其迴歸系數均不顯著，說明對人力資本適配度缺乏影響。值得注意的是有兩個因素與人力資本適配度呈現顯著的負相關關係，即就

業人員中初中及以下學歷比重和普通勞動者的比重。

　　從迴歸系數的大小可以看出這些因素對人力資本適配度作用力度。在所有影響因素中，制度變遷與勞動力流動對人力資本適配度影響最大，其中制度變遷對人力資本適配度起著更大的促進作用。但由於這兩個變量都是指數形式，與其他影響因素單位不一致，因此難以與其他影響因素進行橫向比較。除這兩個因素外，排在前三位的分別是教育投資（包括私人教育投資與公共教育投資）、企業研發投資尤其是大中型工業企業的研發投資以及企業培訓投資。其中教育投資中的私人教育投資對人力資本適配度的影響最大，人均私人教育投資每增長 1,000 元，人力資本適配度平均會增長 0.193,6。其次是公共教育投資，人均公共教育投資每增長 1,000 元，人力資本適配度平均會增長 0.179,3。這對於人力資本適配度的當前水平來看，這樣的增長是相當可觀的。第二位是企業研發投資，為 0.121，不僅對人力資本適配度貢獻較大，而且該系數在 5% 的水平上顯著，是當前門檻上地區比較重要的人力資本適配度來源。其中大中型工業企業研發投資對人力資本適配度的邊際貢獻為 0.144,8，對人力資本適配度的貢獻雖然較大，但由於門檻上區域各省市在這一項投資上的差異較大，使其代表性下降。第三位是企業培訓投資，每增長 100 元，會使人力資本適配度平均增長 0.071,3，且顯著性很強，即九個省市的企業在就業人員培訓上的經費投入行為具有相似性。要注意的是，若按每增長 1,000 元計，人力資本適配度會平均增長 0.713，應當是具有很高的貢獻。但由於當前中國各省市企業的人均培訓經費最高的才 700 多元，最低的才 200 多元，預計短期內人均培訓經費難以有如此巨大的增長，因此，我們以百元為單位衡量其對人力資本適配度的貢獻。與此相似的還有公共醫療投資和私人醫療投資，它們每增長 100 元，人力資本適配度分別平均增長 0.041,7 和

0.025,7。這說明若能顯著增加企業對在職人員的培訓投入以及公共和私人的醫療保健投資，則人力資本適配度將會產生較大的增長潛力。

門檻上地區人力資本適配度的主要來源按重要性排序有教育投資，包括私人投資和公共投資、制度變遷、企業研發投資、企業對在職人員的培訓投資、研發型人力資本的比重。與企業培訓投資類似，醫療保健投資，包括公共醫療保健投資和私人醫療保健投資，若能有較快增長，將會對人力資本適配度產生較大的促進作用。

6.3 門檻下地區人力資本適配性影響因素

利用同樣的方法尋找門檻下地區人力資本適配度的主要影響因素。建立門檻下地區人力資本適配度與各影響因素的迴歸模型，如6-1式所示。利用相關數據迴歸后，得到各因素對人力資本適配度的影響程度，通過對比找出門檻下地區人力資本適配度的主要來源。

表6-21 門檻下地區人力資本適配度與影響因素迴歸結果匯總

解釋變量	單位	$\hat{\beta}_1$	t值 (sig.)	F值	R
一、勞動力受教育程度					
平均受教育年限	年	0.019,5	2.168,5 ** (0.04)	4.702,5	0.445,4
高中學歷占比	%	0.003,7	1.503,6 (0.15)	2.260,8	0.326,1
大專及以上占比	%	-0.001,8	-0.530,4 (0.6)	0.281,3	-0.120,8
初中及以下占比	%	0.001,2	2.247,5 ** (0.04)	5.051,3	0.458,3
二、人力資本投資					
1. 教育投資：					
人均教育投資	千元	0.014	1.065,3 (0.3)	1.134,9	0.237,4
人均公共教育投資	百元	-0.010,1	-2.136,8 ** (0.046)	4.566	-0.440,2

表6-21(續)

解釋變量	單位	$\hat{\beta}_1$	t值（sig.）	F值	R
人均私人教育投資	百元	0.005,9	0.976,1（0.34）	0.952,8	0.218,5
2. 培訓投資：					
人均培訓經費	百元	-0.038,9	-1.546,0（0.14）	2.390,1	0.334,3
3. 研發投資：					
人均研發經費	百元	0.063,6	1.129,2（0.27）	1.275,1	0.250,8
來源：政府資金	百元	0.01	0.866,8（0.40）	0.751,3	0.195
企業資金	百元	0.006,2	0.706,1（0.49）	0.498,6	0.159,9
金融機構	百元	0.118,6	1.540,3（0.14）	2.372,4	0.333,2
主體：研發機構	百元	0.017,5	1.233,6（0.23）	1.521,8	0.272,3
大中型工業企業	百元	0.003,4	0.367,5（0.71）	0.135	0.084
高等學校	百元	0.038,6	1.335,9（0.20）	1.784,6	0.293
4. 醫療保健投資：					
人均醫療保健投資	百元	-0.003,2	-0.507,5（0.62）	0.257,6	-0.115,7
人均公共醫療保健投資	百元	-0.028,2	-2.324**（0.03）	5.401,1	-0.470,5
人均私人醫療保健投資	百元	0.004,1	0.534,2（0.60）	0.285,3	0.121,6
三、人力資本類型					
專業技術人員占比	%	-0.002,1	-0.464,1（0.65）	0.215,3	-0.105,9
研發人員占比	%	0.026,6	0.695,7（0.495）	0.484	0.157,6
企業家占比	%	0.476,0	1.368,6（0.19）	1.873,1	0.299,6
普通勞動者占比	%	0.001,5	0.354,6（0.73）	0.125,7	0.081,1
四、勞動力流動					
區域流動適配指數	—	0.063,2	0.489,5（0.63）	0.239,6	0.117,9
五、制度變遷					
制度變遷指數	—	0.525,7	2.973,8**（0.01）	8.843,6	0.585,0

註：*表示在0.1水平上顯著，**則表示在0.05的水平上顯著。

由於門檻下地區的人力資本適配度較低，最高的四川還不到0.29，最低的貴州只有0.15，因此其人力資本在產出、配置和獲取報酬的能力上都非常欠缺，與現代經濟增長的要求極不協調。迴歸結果顯示，與門檻上地區不同，門檻下地區人力資本適配度與大多數影響因素都呈現不相關或甚至顯著負相關關係。

根據迴歸結果，對門檻下地區人力資本適配度帶有負面影

響的因素有6個。按顯著性排序影響最大的三個因素是公共醫療投資、公共教育投資和企業培訓投資，都具有較為明顯的負相關關係，這與門檻上地區形成了鮮明的對比。從影響力度來看，企業培訓投資對人力資本適配度的負面影響最大，人均培訓經費每增長100元，人力資本適配度平均下降0.038,9；其次是公共醫療投資，每增長100元，人力資本適配度平均下降0.028,2；公共教育投資的增長則平均使人力資本適配度下降0.01。

再觀察正向影響因素。按顯著性從大到小的順序，與門檻下地區人力資本適配度正向相關性較強的首先是制度變遷。儘管與門檻上地區相比其顯著性明顯較低，但仍然是該區域人力資本適配度形成中最重要的影響因素。其次是勞動者的受教育程度，其中初中及以下學歷勞動者的比重相關性最強，勞動力的平均受教育年限與人力資本適配度也有較顯著的正向相關。在不夠顯著的因素中，相關性稍強的有金融機構研發投資和高中學歷勞動者的比重，其餘因素的相關性則非常不明顯。具有顯著影響的因素從影響力度上比較，平均受教育年限影響最大，每增長1年人力資本適配度平均上升0.019,5，其次是具有初中及以下學歷勞動者的比重每增長1%人力資本適配度平均上升0.001,2。

在所有因素中，最不顯著的是人力資本類型、研發投資與勞動力流動。門檻下地區的人力資本適配度與研發型人力資本和專業化人力資本累積極不相關，研發投資水平低，同質勞動力流動無益於人力資本累積。

綜上所述，制度變遷對門檻下地區有著較大的促進作用，但由於勞動力素質低下，缺乏人力資本投資和高素質人力資本的流入，使得人力資本適配度處於較低水平。人力資本適配性影響因素分析表明，加快市場化進程，提高勞動者受教育程度，

加大人力資本投資，促進高素質人力資本的流入是門檻下地區提高人力資本適配性的當務之急。

6.4 本章主要結論

　　本章從勞動力受教育程度、人力資本投資（包括教育投資、培訓投資、研發投資以及醫療保健投資）、人力資本類型、勞動力流動和制度變遷五個方面對影響人力資本適配性的主要因素進行了識別。對處於人力資本適配度門檻上地區和門檻下地區的研究表明：

　　（1）制度變遷在兩區域人力資本適配性培養上都起著非常重要的作用，但門檻上地區受制度變遷的影響更大。重視提高市場化與對外開放程度將有助於人力資本累積與人力資本適配度的快速提高。

　　（2）勞動力受教育程度對兩區域人力資本適配性都有著顯著的影響，但影響方式卻完全不同。門檻上地區的高中學歷勞動者在經濟增長中發揮著重要的作用，門檻下地區則主要是依靠初中及以下的低學歷勞動者，兩個地區的勞動力受教育年限差距最大的達到 5 年。

　　（3）人力資本投資在兩區域表現出截然不同的作用。門檻上地區人力資本投資對人力資本適配度有顯著的提升作用，尤其是私人教育投資和企業培訓投資所起的作用非常明顯。研發投資尤其是企業的研發投資在該區域也有較大的貢獻。而門檻下地區的人力資本投資對人力資本適配性並無明顯影響，其中公共教育投資和企業培訓投資甚至產生了較大的負影響。分析其原因有四：一是其教育質量和培訓水平相對較低，未能起到

促進高水平人力資本累積的作用；二是其公共教育投資主要用於基礎教育，對提升勞動者的職業技能和知識層面所起的作用有限；三是企業培訓投資低，未重視和促進在職人員的能力發展，人力資本累積緩慢；四是高素質人才外流也容易導致教育培訓投資效率低下，使教育和培訓投資風險加大，制約教育培訓投資的增長。

（4）從人力資本類型來看，門檻上地區的研發型人力資本對其人力資本適配性的形成有著較大的影響，對經濟增長有較強的促進作用。而門檻下地區則主要依靠基礎型人力資本，這一區域人力資本適配性處於自發生成狀態。

（5）勞動力的跨區流動對兩區域人力資本適配性形成的影響也有著本質的區別。門檻上地區勞動力流動與人力資本適配性有著較強的正向影響，而門檻下地區卻無此相關性。這說明門檻上地區對勞動力有著較高的人力資本要求，通過勞動力流動帶動了人力資本累積與適配能力的提高；與之相反，門檻下地區對勞動力的人力資本需求較低，低素質勞動力的流動未能有效促進人力資本累積。

因此，人力資本適配度門檻以上的地區已經走上了依靠高素質勞動力實現經濟增長的道路，其人力資本形成與人力資本投資密切相關。而人力資本適配度門檻以下的地區主要依靠低素質勞動力，人力資本形成還處於自發狀態。由於人力資本適配性的培養跟特定的經濟增長階段、經濟結構、制度變遷都有著相互制約相互促進的關係，因此，對於經濟增長路徑迥異的兩個區域，應當根據其經濟增長階段、經濟結構以及制度變遷的現狀制定不同的人力資本適配度發展目標。並針對其主要問題和癥結提出切實可行的對策措施，提升其人力資本適配性，促進兩區域向更高級的經濟增長階段轉變。

第七章
中國人力資本適配性培養模式與對策建議

對人力資本適配性影響因素的辨析表明，人力資本適配度門檻以上的地區與門檻以下的地區有著不同的人力資本形成規律。造成這種差異的直接原因是勞動力素質、人力資本投資（包括公共及私人教育投資、公共及私人健康投資、企業培訓投資、地區研發投資）、人力資本類型、勞動力流動以及制度變遷的影響。而根本上則是由於兩區域處於不同經濟增長階段進而形成不同經濟增長路徑所引起的。因此，本章將從地區經濟增長階段差異入手，分別探討門檻上地區與門檻下地區的人力資本適配性培養模式，並提出相應的對策建議，以充分利用知識經濟與全球化所帶來的人才與技術外溢的有利條件，實現速度與效益兼顧、增長與結構優化同步、地區平衡協調發展的經濟增長目標。

7.1　兩區域經濟增長階段差異

7.1.1　兩區域經濟增長階段總體判定

錢納里和塞爾奎因（1989）在多國模型的基礎上提出的「標準模式」是判定經濟增長階段最為常用的方法。此外，庫茲涅茨的結構模式、羅斯托的經濟增長階段論也常被用來劃分經濟增長階段。然而，要準確判斷經濟增長階段卻是一件比較困難的事情。因為所謂的「標準模式」本身也是對經濟體發展過程中表現出的一般規律進行總結和歸納的成果，而各國各地區由於自然稟賦、人口素質、區位、機遇、歷史沿革等種種原因使得增長軌跡各不相同。因此，對經濟體增長階段的判定是一個大致的估計，難以完全精確。為此，參照錢納里—塞爾奎因的做法，用人均 GDP 取值來判定兩區域的經濟增長階段，並列

出各階段所對應的結構特徵，如表 7-1 與表 7-2 所示。

表 7-1　判定工業化階段的錢納里—塞爾奎因人均 GDP「標準模式」

工業化階段		人均 GDP（美元）			
		1964 年	1970 年	1982 年	1996 年
Ⅰ	0		100～140		
	1		140～280		
Ⅱ	2	200～400	280～560	728～1,456	1,240～2,480
	3	400～800	560～1,120	1,456～2,912	2,480～4,960
	4	800～1,500	1,120～2,100	2,912～5,460	4,960～9,300
Ⅲ	5	1,500～2,400	2,100～3,360	5,460～8,736	9,300～14,880
	6	2,400～3,600	3,360－5,040	8,736～13,104	14,880～22,320

資料來源：H. 錢納里，S. 魯濱遜，M. 塞爾奎因. 工業化和經濟增長的比較研究. 新一版. 吳奇，王松寶，譯. 上海：上海三聯書店上海人民出版社，1995；57。周叔蓮，郭克莎. 中國工業增長與結構變動的研究. 北京：經濟管理出版社，2000；131。

表 7-2　錢納里和塞爾奎因的經濟結構「標準模式」（占 GDP%）

經濟結構	人均收入（1980 年美元）					
	實際平均 <300	預測值				實際平均 >4,000 c
		300	500	1,000	2,000	4,000	
1. 增加值結構 農業 採礦業 製造業 建築業 公用業 服務業	48 1 10 4 6 31	39.4 5.0 12.1 4.4 6.7 32.4	31.7 6.6 14.8 4.9 7.4 34.6	22.8 7.7 18.1 5.5 8.1 37.8	15.4 7.5 21.0 6.1 8.8 41.2	9.7 6.1 23.6 6.7 9.3 44.7	7 1 28 7 10 47

表7-2(續)

經濟結構	人均收入（1980年美元）						
	實際平均<300	預測值					實際平均>4,000 c
		300	500	1,000	2,000	4,000	
2. 消費結構							
私人消費	79	73.3	70.2	66.4	63.1	60.3	60
政府消費	12	13.6	13.5	13.7	14.4	15.4	14
投資	14	18.4	20.8	23.3	25.0	25.9	26
出口	16	19.3	20.7	22.6	24.5	26.4	23
進口	21	24.6	25.2	26.0	27.0	28.0	23
食品消費	39	38.7	34.5	29.1	23.9	18.9	15
3. 貿易結構							
出口	14	15.2	16.9	18.8	20.3	21.2	18
初級產品	13	13.9	14.9	15.2	14.1	11.8	7
燃料	3	4.8	6.3	7.3	7.2	6.1	2
其他	10	9.1	8.6	7.9	6.9	5.7	5
製成品	1	1.3	2.0	3.7	6.1	9.4	11
4. 勞動力結構							
農業	81	74.9	65.1	51.7	38.1	24.2	13
工業	7	9.2	13.2	19.2	25.6	32.6	40
服務業	12	15.9	21.7	29.1	36.3	43.2	47

資料來源：M. Syrquin, H. B. Chenery. Three Decades of Industrialization. The World Bank Economic Reviews, 1989: 1 (3): 152-153。其中第二產業增加值比重是由採礦業、製造業、建築業和公用業數值加總得來。

　　學術界對中國經濟增長所處階段已基本達成共識，即總體上進入工業化中期。然而正如第四章研究所表明的，中國地區經濟增長因人力資本能力的差異而出現低水平趨同和高水平趨異的現象。跨越了人力資本適配度門檻的地區與未過該門檻的地區在經濟增長階段和經濟增長特徵上有著本質的區別。因此，分別研究這兩個區域的經濟增長階段和經濟增長特徵，有針對性地就兩區域人力資本適配度形成提出建議顯得更有價值。

　　根據麥迪森（2008）提供的歷年匯率數據，將門檻上地區

和門檻下地區的人均 GDP 按 1996 年的匯價折算成美元。2007 年門檻上地區人均 GDP 為 4,051.19 美元，門檻下地區人均 GDP 為 1,777.90 美元。與表 7－2 所示錢納里和塞爾奎因的標準模式相比較，門檻上地區的經濟增長階段大致處於工業化第二階段末期，正向工業化第三階段過渡，屬於以裝備加工工業為主的高加工度化階段，並將逐步向以技術密集型加工工業為中心的技術集約化階段過渡。根據錢納里和塞爾奎因對經濟增長階段特徵的描述，這一階段第一產業比重將降低到 20% 以下，第二產業比重迅速增長達到最大，約占 GDP 的 40% 以上，第三產業比重穩步增長至 30% 以上。而門檻下地區則處於工業化第一階段末期，並逐漸向工業化第二階段過渡的時期，即總體上仍然處於以原料工業、基礎工業為中心的重工業化階段。但隨著這些地區經濟增長階段發生改變，進入工業化第二階段，重工業傾向將逐漸得到改變，並逐步向以裝備加工工業為主的高加工度化階段過渡。

7.1.2　兩區域經濟增長特徵及差異

為反應地區經濟增長特徵，主要從地區經濟實力（人均 GDP）、地區經濟增長要素投入（用資本、勞動力、人力資本投資以及知識累積水平來衡量）和經濟結構（包括地區產業結構、就業結構以及需求結構）三方面進行分析。

表 7－3 列出了根據以上指標計算的門檻上與門檻下地區的平均值及其差距。由於各地區人口、GDP 以及就業人口基數不同，因此，在計算人均 GDP、勞均人力資本投資以及產業結構和就業結構時均是採用以人口數或就業人數加權平均的方法，以便使計算結果更為準確。

表7-3 人力資本適配度門檻上地區與門檻下地區經濟增長特徵

指標	單位	門檻上地區	門檻下地區	差距	幅度（%）
人均GDP	元	33,746.44	14,809.90	18,936.54	127.86
資本存量	億元	33,047.99	14,068.73	18,979.26	134.90
資本-產出比	-	2.00	2.18	-0.18	-8.26
資本產出彈性	%	0.504	0.829	-0.325	-
平均就業人數	萬人	2,761.61	2,317.13	444.48	19.18
K/L	-	11.97	6.07	5.90	97.19
勞均人力資本投資	元	6,973.38	3,384.66	3,588.72	105.03
勞動力平均受教育年限	年	9.52	8.13	1.39	17.01
勞動力產出彈性	%	0.461	0.219	0.242	-
知識累積指數	-	0.37	0.06	0.31	-
產業結構：					
第一產業	%	6.37	15.02	-8.65	-
第二產業	%	51.64	48.55	3.09	-
第三產業	%	41.99	36.43	5.56	-
高技術產業	%	6.30	1.78	4.52	-
就業結構：					
第一產業	%	26.95	48.24	-21.28	-
第二產業	%	36.20	21.80	14.40	-
第三產業	%	36.84	29.96	6.88	-
高技術產業	%	2.72	0.36	2.36	-
三大需求：					
最終消費	%	45.71	51.18	-5.47	-
其中：政府消費	%	28.70	28.48	0.22	-
居民消費	%	71.30	71.52	-0.22	-
資本形成	%	46.27	53.15	-6.88	-
貨物服務淨出口	%	8.02	-4.34	12.36	-

计算結果表明人力資本適配度門檻上地區與門檻下地區在經濟實力、要素投入和經濟結構上都有著巨大的差異。

從經濟實力上看，門檻上地區的人均 GDP 約為門檻下地區的 2.28 倍，絕對差距達到 18,936.54 元。從要素投入上看，門檻上地區的資本存量是門檻下地區的 2.35 倍，平均高 18,979.26 億元；人力資本投資水平是門檻下地區的 2.05 倍，勞均人力資本投資比欠發達地區高 3,588.72 元；知識累積水平更是遠遠超過門檻下地區。從經濟結構上看，門檻上地區的產業結構明顯優於門檻下地區。第一產業比重比門檻下地區低 8.65%，第二產業比重差距不是很大，但第三產業比重比門檻下地區高 5.56%。從高技術產業產值比重來看，門檻上地區仍是遠遠超過門檻下地區。從三次產業的就業結構上來看，人力資本適配度門檻上地區第一產業就業比重比門檻下地區低 21.28%，第二產業和第三產業就業比重則比門檻下地區分別高 14.4% 和 6.88%。三次產業就業比重的差距說明人力資本適配度門檻下地區的就業結構遠遠落后於門檻上地區。

7.1.2.1　兩區域經濟增長的要素投入特徵

（1）兩區域資本產出彈性差異較大，人力資本適配度門檻下地區經濟增長的資本推動特徵明顯。

表 7-3 表明，兩區域中門檻下地區經濟增長仍然處於投資推動為主階段。與其他經濟增長要素相比，資本在產出增長中的份額最大，資本產出彈性達到 82.9%。而門檻上地區的資本產出彈性顯著下降，勞動力及人力資本產出彈性相對較高。Daniel Cohen 和 Mareeto Soto（2007）利用 Benhabib 和 Spiegel（97 國）、Pritchett（91 國）以及 Krueger 和 Lindahld（92 國）1960—1990 年的跨國數據估計了加入以受教育年限為人力資本變量的經濟增長模型，並剔除了部分誤差過大的國家。估計結果顯示 1965—1985 年多國模型中資本產出彈性在 0.524~0.598

之間，1970—1990 年資本產出彈性在 0.516~0.596 之間。由此可見，門檻下地區經濟增長的主要動力是資本的巨大投入。

（2）從技術水平上看，兩區域資本—產出比非常接近（均在 2 左右），進一步表明在知識外溢條件下，以資本品為代表的技術水平差異越來越小。造成兩區域資本存量巨大差異的主要原因是人力資本適配能力影響到區域的資本聚集能力。

通常資本—產出比被用來衡量經濟增長中技術水平的高低，一般而言，資本—產出比會隨著技術水平的提高呈現逐漸下降的趨勢。與一些發達國家相比，中國的資本—產出比水平並不算高，技術水平也不低。即使是技術水平始終領先的美國，資本—產出比也並非一直下降，而是有所反覆。如美國以現價計算的資本—產出比水平在 1929—1948 年間甚至上升到 8.2，此后到 1955 年下降到 4.7，都比中國目前的水平高。在庫茲涅茨的研究中，英國從 1860—1958 年近百年間的資本—產出比也經歷了升高、降低再升高的軌跡，其以現價計算的資本—產出比在 1921—1938 年間較低，為 3.4，其后又上升到 6.6（庫茲涅茨，1989）。因此，在知識外溢的影響下，中國目前的技術水平並非落后，而各地區的技術水平差異更是在逐漸縮小。

根據王廣友等（2005）關於中國東中西部 1990—2000 年資本—產出比的研究發現，東部的資本—產出比一直較為穩定，10 年間未有明顯差別，而中部和西部的資本—產出比則經歷了較快的下降過程。中部地區到 2000 年資本—產出比已經基本接近東部地區，而西部地區資本—產出比還處於下降過程中。這說明由於知識外溢的作用，以資本品質量來表示的兩區域技術水平差異已逐漸消失，人力資本在經濟增長中的重要性日益突出；具有較高人力資本適配度的經濟較發達地區經濟增長的質與量都明顯強於欠發達地區。

（3）兩區域勞動力投入絕對差距較小，正是由於人力資本

適配性的較大差距使門檻上地區與門檻下地區的勞均資本擁有量以及勞均產出能力產生明顯差異。

平均來看，門檻上地區各省份的勞動力投入比門檻下地區多444.48萬人，超出門檻下地區就業人數的19.18%，與資本投入相比差距明顯較小。然而，對兩區域的K/L比值進行計算和比較可知其差異較大，門檻上地區勞均資本為11.97萬元，而門檻下地區僅為6.07萬元，約為門檻上地區的一半左右。由此可見，人力資本適配度較高的地區由於勞動力有著更強的資本使用能力而使得勞均資本和勞均產出能力都高於門檻下地區。儘管門檻上地區的勞動力投入總量仍然高於門檻下地區，但與物質資本結合的效率更高，勞動力使用效率更高。因此，區域經濟增長差距受勞動力投入量的影響越來越小，而人力資本適配性對地區經濟增長的影響越來越明顯。

（4）從人力資本投資與知識累積水平上看，門檻上地區遠遠高於門檻下地區。

如表7-3所示，門檻上地區勞均人力資本投資幾乎是門檻下地區的2倍，而勞動力平均受教育年限則比門檻下地區高1.39年。其中北京和上海的勞動力受教育年限達到11.77年和11.30年，基本達到12年教育的水平，與世界中等發達國家接近。而門檻下地區中的甘肅和雲南，勞動力受教育年限則分別只有6.78和6.76年，僅具備小學文化程度，與門檻上地區的差距高達5年以上。因此，人力資本適配度門檻上地區與門檻下地區的勞動力受教育程度差距巨大，在地區知識累積能力上，差距懸殊。

通過對兩區域經濟增長要素的表現進行分析和比較，我們認為資本投入仍將在較長時間內主導中國經濟增長，但在人力資本適配度門檻之上的地區，資本投入的重要性下降較快；區域間由於資本品質量提高而產生的技術進步差異已逐漸消失，

人力資本累積在經濟增長中的重要地位日益凸現；門檻上地區由於人力資本適配性較高而具備更多的有效人力資本，使得兩區域經濟增長水平和經濟增長能力產生巨大差異。以上分析表明，在技術水平與勞動力投入相近的現實情況下，正是人力資本適配性的差異使門檻下地區陷入低水平增長的惡性循環，與門檻上地區的差距日益拉大。

7.1.2.2 兩區域經濟增長的結構特徵

進一步將兩區域的產業結構和就業結構與錢納里—塞爾奎因的標準模式（表7-2）相比較來研究經濟增長的結構特徵，見表7-4。

表7-4　　　　　與標準模式比較的兩區域結構特徵

	錢納里—塞爾奎因結構模式		區域	
	工業化Ⅰ階段	工業化Ⅱ階段	門檻上地區	門檻下地區
人均GDP（1996年美元）	1,240～2,480	2,480～4,960	1,777.90	4,051.19
增加值結構：				
第一產業（%）	22.8	15.4	15.02	6.37
第二產業（%）	39.2	43.4	48.55	51.64
第三產業（%）	37.8	41.2	36.43	41.99
勞動力結構：				
第一產業（%）	51.7	38.7	48.24	26.95
第二產業（%）	19.2	25.6	21.80	36.20
第三產業（%）	29.1	36.3	29.96	36.84
產業錯位度：				
第一產業（%）	-28.9	-23.3	-33.22	-20.58
第二產業（%）	20.0	17.8	26.75	15.44
第三產業（%）	8.7	4.9	6.47	5.15
支出結構：				

表7-4(續)

	錢納里—塞爾奎因結構模式		區域	
	工業化Ⅰ階段	工業化Ⅱ階段	門檻上地區	門檻下地區
私人消費（％）	66.4	63.1	36.60	32.60
政府消費（％）	13.7	14.4	14.60	13.10
投資（％）	23.3	25	53.20	46.30
淨出口（％）	-3.4	-2.5	-4.30	8.00

　　中國經濟結構表現出高度工業化特徵，第二產業的產值比重和就業比重都高於錢納里和塞爾奎因的「標準結構」，尤其是產值比重，差距相當大。這是因為新中國成立之初選擇了「趕超」的經濟增長模式，舉全國之力發展工業尤其是重工業，在相當長的時間裡造成「重累積，輕消費」的發展模式，也使中國的產業結構和就業結構長期偏離正常軌跡。因此，中國的產業結構和就業結構中第二產業的比重一直偏高。其中，門檻上地區的第二產業產值比重平均達到了51.64%，而門檻下地區的第二產業比重也達到了48.55%。

　　在中國的工業化進程中，各地區第一產業產值比重下降得很快，門檻上地區的第一產業比重已經接近世界中等發達國家的水平，第三產業產值比重與標準模式也非常接近。從就業結構上看，兩區域三次產業的就業比重與標準模式非常接近，較為符合工業化進程中勞動力從第一產業向二、三產業轉移的一般規律。分區域來看，門檻下地區就業結構與標準模式相似性較強，而門檻上地區就業結構的工業化特徵則更為明顯。此外，中國消費率長期偏低，儘管兩區域的政府消費比重與標準模式較為一致，但私人消費率卻僅為標準模式的一半左右。與此相應，中國投資率長期高企，遠遠高於標準模式，其中門檻上地區投資率為46.3%，而門檻下地區投資率則高達53.2%。在淨

出口比重上，門檻下地區與標準模式相近，而門檻上地區的淨出口則遠遠超過了標準模式。由此可見，跨越人力資本適配度門檻的地區經濟外向度大，更多地承接國際分工，並通過對外貿易和經濟合作獲得比較利益，出口能力較強。

總體而言，門檻下地區即將進入工業化中期，而門檻上地區則開始向工業化末期轉變。兩區域由於處於不同的經濟增長階段，經濟實力、要素投入和經濟結構都有著顯著的差異，因此，其經濟增長路徑與模式也大相徑庭，由此帶來對人力資本適配性的不同要求。

7.2 人力資本適配度門檻上地區人力資本適配性培養模式與對策建議

跨越人力資本適配度門檻的地區總體正處於工業化末期起始階段，需要大力發展服務型經濟、創新型經濟和外向型經濟，進而實現技術進步、結構優化、資源節約、人力資本得到充分配置和有效利用的經濟增長目標。

然而，門檻上地區的人力資本適配度與經濟增長目標的要求還有相當的距離。前面的分析已經表明，該區域人力資本的知識累積能力還非常薄弱，第三產業與高技術產業的發展明顯滯后，人力資本的對外開放適配性還比較弱。鑒於該區域具備較好的人力資本基礎，根據經濟增長目標的要求，應當注重培養人力資本在技術進步與創新、產業結構升級和對外開放中的適配能力，用科技與技術創新活動引領人力資本適配性的養成，從而形成獨具特色的「科技引領技術創新帶動型」人力資本適配性培養模式。

7.2.1 「科技引領技術創新帶動型」人力資本適配性培養模式

7.2.1.1 「科技引領技術創新帶動型」人力資本適配性培養的含義

這一模式表明門檻上地區人力資本適配性培養的前提是以較高的科技水平為目標，通過加強區域科技創新與研發活動提高人力資本的知識累積能力，並帶動該區域人力資本國際競爭力的提升，從而促成區域人力資本與「服務、創新、外向」型經濟的契合。該模式的核心思路是以科技進步和技術創新帶動人力資本適配性的提高。

7.2.1.2 人力資本適配性培養目標

（1）促進與科技進步和知識累積要求相適應的人力資本累積；

（2）促進研發型人力資本累積與人力資本類型結構的改善；

（3）促進高層次服務型人力資本累積與人力資本產業結構配置的改善；

（4）促進外向型人力資本累積，提高對外開放適應能力。

7.2.1.3 人力資本適配性培養路徑

依據人力資本適配性發展目標，主要從內外兩個方面提高人力資本適配度：

（1）對內，依託政府、企業、科研院所與高校，構建區域創新體系，促進人力資本適配度提升。

（2）對外，加強國際交流，「走出去」與「引進來」相結合，促進人力資本累積，提高人力資本國際競爭力。

7.2.2 對策建議

7.2.2.1 各級政府首先應在思想上高度重視區域人力資本適配度培養，努力構建有利於人力資本發揮的制度環境

這種制度環境表現在三個方面：一是出抬政策，包括合理的人才政策、國家、企業與個人合理分擔的人力資本投資政策、以科技創新為導向的產業發展政策等，引領人力資本形成；二是加強地區間的協調合作與信息共享，建立統一的勞動力大市場，保證人力資本流動與合理取酬；三是資源傾斜，通過提高人力、物力與財力投入等，提供切實的資源支持。

7.2.2.2 以提升企業自主創新能力為切入點引領人力資本適配性養成，建立以企業為主體，科研院所積極參與，國家重點扶持的研發創新體系

企業是從事生產經營活動的主體，是經濟體的基本單位，也是創新與研發活動的主體。在一些人力資本水平較高的發達國家，企業往往是提升人力資本水平，促進國家創新體系健康發展的生力軍。如美國、日本、德國等國家的企業，尤其是一些大型或巨型企業，在人力資本培養上都發揮著重大作用。因此，為實現科技創新引領人力資本適配性的形成與提升，企業尤其是大中型工業企業應重視科技進步與研發活動，加大研發投資，提升企業自主創新能力。

然而，企業自主創新能力的培養依賴於一定的外部環境和內在條件，離不開政府和其他研發機構的支持與協助。因此，各級科研院所和高校應加強對提高企業自主創新能力的路徑及方法的研究，為提高企業自主創新能力提供必要的決策諮詢和建議。但應注意的是，在培養企業自主創新能力的過程中，應始終堅持企業是主體、政府是支持者、科研院所是合作者。

7.2.2.3 配合人力資本適配性要求，致力於提高勞動力受教育水平，建立多層次多渠道相互銜接的教育與培訓體系，並努力改善教育質量

勞動者人均受教育年限的提高以及高學歷勞動力比重的增加對區域知識累積與創新能力有著重要影響。為適應技術進步與創新體系的要求，應當加強對勞動力的教育和培訓。首先應整合教育資源，建立多層次多渠道且相互銜接的教育與培訓體系。勞動力教育與培訓層次大致包括正規教育、職業教育、成人教育、企業短中長期培訓；教育與培訓主體則大致包括各級學歷教育機構、各級成人教育學校、職業技術學校、企業大學以及專業培訓與諮詢機構；教育與培訓的經費來源大致包括國家及地方財政、企業專項基金、個人投入等。為此，企業應根據自身條件和實際情況，與各教育培訓主體密切聯繫，制定勞動力教育與培訓規劃，合理分擔教育與培訓投入，對特別急需的高層次人力資本制定優惠的培養政策，整合教育資源，提供多角度全方位的教育培訓機會。同時，促成各級教育培訓的相互銜接，形成「階梯」式教育培訓體系。

其次，致力於「對教育者的教育」，加強對教育培訓主體的管理和師資隊伍建設，提高教育與培訓質量。為此，首先需要對教育培訓主體及教師逐級制定獎懲措施，以敦促學校盡可能提高教師素質，促使教師敬業愛崗努力提高業務能力，使教育培訓在人力資本適配性養成中真正發揮作用。

7.2.2.4 加大人力資本投資，促進投資主體多元化，形成各有重點又相互補充的人力資本投資體系

與預期相反，門檻上地區人力資本投資總額占 GDP 的比重低於門檻下地區。從 GDP 支出結構來看，門檻上地區的政府支出比重也低於門檻下地區。因此，應加大對具有公共品性質的人力資本投資，如教育投資、醫療保健投資和研發投資。此外，

企業應增強與金融機構、高等院校、研發機構的合作，更多地獲取金融機構的支持，進一步提高企業培訓與研發投資。

　　7.2.2.5　加強國際交流與合作，制定有針對性、有吸引力、開放的人力資本培養政策

　　對於急需的國際化高層次人才可通過國外引進，或與國外教育培訓機構合作進行聯合培養。建立合理的激勵與約束機制，鼓勵勞動者參與國際交流學習，防止人才外流，逐步提高人力資本在對外開放中的適應能力。

7.3　人力資本適配度門檻下地區人力資本適配性培養模式及對策建議

　　即將進入工業化中期階段的發展緩慢地區有著不同的經濟增長目標和人力資本適配性發展目標。當前門檻下地區急需大力推進產業結構轉換、加快農村勞動力轉移、促進結構優化，為發展服務型經濟做好準備。

　　門檻下地區人力資本水平低，適應能力差，難以與區域經濟增長形成良性互動，造成「雙低」的惡性循環。這一區域的經濟增長，關鍵是要打破「人力資本陷阱」，跨越人力資本適配度門檻。在只能依靠現有人力資本的前提下，必須借助外力克服低水平人力資本適配度對經濟增長的制約。

　　由於人力資本累積具有長期性和層級性，短期內難以有效提高人力資本水平。因此，改善人力資本結構成為這一區域盡快提高人力資本適配性的首選。而人力資本結構形式多樣，可表現為勞動力在產業間、區域間的配置以及各層次人力資本的構成。庫茲涅茨將產業結構看做所有結構變動的起點，因為

「對產業結構趨勢的原因和后果的正確描述將構成對經濟增長過程的寫照」（庫茲涅茨，1989）。由於門檻下地區經濟實力弱，難以靠自己的力量擺脫惡性循環的束縛。因此，必須堅持以政府為主導，通過產業結構的調整與升級帶動結構變化，促使門檻下地區跳出「人力資本陷阱」，讓經濟增長步入良性循環。

7.3.1 「政府主導產業變革推動型」人力資本適配性培養模式

7.3.1.1 「政府主導產業變革推動型」人力資本適配性培養模式的含義

這一模式強調兩點：一是利用產業結構升級與轉換產生的人力資本需求帶動合適的人力資本供給，推動人力資本適配性的提高；二是政府必須在區域產業結構調整升級與持續推動人力資本適配性培養上發揮主導作用，統一制定科學合理的產業發展規劃，加強對各地區產業結構轉換與升級的指導，合理配置資源，避免一哄而上帶來結構失衡與資源浪費。

7.3.1.2 「政府主導產業變革推動型」人力資本適配性培養目標

①提高人力資本的產業結構轉換適配能力，使就業結構逐漸向與工業化階段相適應的方向轉變。

②帶動人力資本區域流動配置能力的提升，有力促進人力資本在城鄉間、地區間的合理流動，提高人力資本配置效率。

③帶動人力資本對市場化適配能力的提升，提高勞動者創業能力，培養企業家精神。

7.3.1.3 「政府主導產業變革推動型」人力資本適配性培養路徑

①利用產業結構調整與升級促進人力資本在三次產業與區

域間的流動和配置，促進人力資本適配性的提升。

②利用產業結構調整與升級帶動市場化水平的提高進而促進人力資本適配能力的提高。

7.3.2 對策建議

7.3.2.1 政府積極主導，制定產業規劃，加強直接管理與宏觀調控，加大財政轉移支付力度，促進產業結構調整與升級

產業政策的制定應視各地區具體的資源條件與經濟基礎進行統一規劃，重點發展以就業為導向的勞動密集型產業。在產業結構調整過程中加強宏觀指導和調控。由於門檻下地區經濟實力較弱，應加大扶持力度，增加財政轉移支付。此外，政府還應起到創造需求的作用，用經濟手段引導各地區按照規劃進行產業結構調整。

7.3.2.2 與產業結構調整升級相適應，制定政策改善人力資本狀況，提高高層次人力資本比重

人才政策方面，如通過制定人力資本的行業准入政策、引進高層次人才的優惠政策、為本地高層次人才提供較好的福利待遇與工作環境等政策，吸引人才、留住人才，提高人力資本水平；人力資本投資政策方面，重點加大國家教育培訓投入和醫療保健投入，並以法律法規的形式確保企業的員工培訓投入。適當增加研發投入，提高產業技術含量，促進人力資本水平的提高。

7.3.2.3 政府牽頭，大力發展多層次、多形式的職業技能教育與培訓，培養「實用型」人力資本，促進勞動力就業與農村勞動力的有效轉移

總體而言，職業技能教育培訓主要可分為學歷教育、技術等級培訓與專項技能培訓三個層次；根據教育培訓內容與特點，又可分為短期、中期與長期教育培訓；根據具體的教育培訓方

式又可分為集中、遠程與嵌入式教育培訓。將多種教育培訓類型相結合，培養表現為專項職業能力的「實用型」人力資本，靈活應對產業結構調整帶來的人力資本需求，促進勞動力就業，是「產業結構帶動型」人力資本培養模式的根本保證。

此外，門檻下地區農村勞動力比重較大，勞動力轉移的需求較為強烈。然而農村勞動力知識和技能水平都處於弱勢，勞動力轉移難度較大，阻礙產業結構調整與升級。因此，加強農村勞動力職業能力的培養是門檻下地區人力資本適配性養成中的重要內容。為此，各級政府與教育機構應充分研究和關注因產業結構調整對農村勞動力職業能力提出的要求。堅持面向市場，注重職業技能教育與培訓。同時注意結合當地產業結構轉換的具體情況，轉變教育和培訓重心，分步驟分階段，由易到難，由近及遠，逐漸培養農村勞動力的人力資本適配能力。

7.3.2.4 通過政策傾斜與幫扶，鼓勵和發展私營經濟，培養企業家精神，增強經濟活力，提高產業變革速度與效率，促使人力資本適配性的提高

已有研究表明，非國有經濟尤其是私營經濟具有較強的經濟活力，表現在其需求導向型的經營策略。對市場需求的高度重視，對市場機會的高度敏感和市場策略的靈活性使私營企業能夠在產業結構調整與升級中發揮非常重要的作用。此外，私營企業的快速發展對於人力資本適配度的提高也有著非常顯著的促進作用。因此，在門檻下地區大力發展私營經濟，促進勞動力在私營企業的就業和配置將是提高人力資本適配性的一個有效途徑。然而，門檻下地區勞動者受教育程度相對較低，又多處於內陸地區，開放程度較低，信息閉塞，使得這些地區的勞動者思想保守、市場意識薄弱。需要政府制定相關政策激勵和保護私營經濟的發展，逐步培養該區域的企業家精神和勞動者的創業能力。

7.4 政府在人力資本適配性養成中的作用

從前面分析中可以看出，制度和政策在人力資本適配性養成中有著相當重要的作用，由此決定了政府在人力資本適配性養成中的基礎性作用。即為人力資本適配性的培養創造條件、提供支持、奠定基礎。總體而言，政府通過制度創新與政策法規的制定，對人力資本適配性養成起到行為導向、監督調控和平衡糾偏的作用。

7.4.1 政府的行為導向作用

政府利用公共政策促使行為主體按照政策導向安排自己的行為，以獲取比較利益。在人力資本適配性養成中，政府的行為導向作用表現在對有利於人力資本適配性提高行為的激勵與不利於人力資本適配性提高行為的約束。

兩區域因人力資本適配性的不同要求而產生不同的導向重點。在人力資本適配度門檻上地區，政府的行為導向作用主要表現在積極引導知識累積、科技進步和強化企業人力資本管理。而在門檻下地區則主要表現為促進就業、促進勞動力轉移和提高報酬。為此，需要制定不同的政策規範。門檻上地區重點關注繼續教育獎勵、企業培訓投入最低限額、研發投入、高技術人才引進與培養、行業工資標準等政策法規，並借助嚴厲的懲罰措施以保證這些政策法規的落實。而門檻下地區則需要大力發展職業技能培訓，並為勞動力流動以及私營經濟的發展創造寬鬆的制度環境，同時通過制定合理優惠的人才政策促進人力資本累積與人力資本水平的提高。

7.4.2 政府的監督調控作用

對政策和法規的實施與執行效果進行經常性的檢查、監督和調整，其與行為導向目的保持一致。政府的監督調控作用是行為導向作用的保證，沒有經常的檢查和監督就難以保證政策法規的執行。此外，更需要隨環境和條件的變化對政策法規進行微調，以確保其導向功能的正確性和高效性。因此，政府要充分關注兩區域在人力資本適配性養成中出現的不合理行為，如企業培訓投入過低、公共教育效率低下、人才流失嚴重、職業技能培訓嚴重脫節等，並針對這些行為進行規範和調整。

7.4.3 政府的平衡糾偏作用

為避免人力資本適配性的「馬太效應」使人力資本區域配置結構惡化，政府必須加大對門檻下地區的政策傾斜力度。在教育資源的利用、資金投入、人才的引進和保護等方面制定更加有利和寬松的政策，引導教育、培訓、研發等資源的投入，吸引人才，減緩人才外流，促進門檻下地區加快人力資本累積。

應當看到，政府的平衡糾偏作用對於兩區域人力資本與經濟增長的平衡發展有著非常重要的作用。尤其是在幫助門檻下地區跨越人力資本適配度門檻，加快對門檻上地區的追趕上將起到決定性的作用。

綜上所述，政府通過制定政策法規改變制度條件來改變人力資本適配性培養的外部環境。合適的制度環境意味著政策法規的合理性與導向的正確性。好的政策和法規將形成明顯有利於人力資本適配性培養的環境、條件和驅動力，引致國家、企業、家庭和個人形成有利於人力資本適配性培養的行為，這是任何一個企業或是家庭都無法做到的。因此，政府在人力資本適配性培養中的主導地位不可替代，不容動搖。但也應當看到，

在不同的經濟增長階段和人力資本適配性水平上，政府所起的作用是不同的。對於門檻上地區，人力資本適配性培養以企業為主體，政府主要起支持作用，而在門檻下地區，政府卻起著全面主導的作用。因此，政府要視具體情況適當發揮作用，既要避免「缺位」，又要避免「越位」，通過合理規劃、適度指導與適時調節，創造有利於區域人力資本適配性培養的外部環境和內部條件，形成人力資本與經濟增長良性互動的局面。

結　語

　　人力資本在經濟增長中表現出的適配性與適配程度是衡量一個國家或地區經濟增長過程中可有效利用的人力資本的相對水平。本書的研究表明，人力資本適配性能夠有力解釋中國經濟增長相關問題，中國經濟增長的區域非平衡性很大程度上受區域間顯著的人力資本適配性差異影響。實證研究證實中國經濟增長中存在人力資本適配度門檻效應，以此門檻為界所對應的兩區域在經濟增長與人力資本適配性上存在明顯的「二元」結構現象，從而拉大了地區差距，進而影響到整體經濟增長質量的提高和結構的優化。為此，根據兩區域不同的經濟增長階段與經濟增長目標及人力資本現狀，選擇了不同的人力資本適配性培養模式。其中，跨越人力資本適配度門檻的地區應著力構建「科技引領技術創新帶動型」人力資本適配性培養模式，而人力資本適配度門檻以下的地區則應選擇「政府主導產業變革推動型」人力資本適配性培養模式。書中強調了政府在人力資本適配性培養上的重要作用，並進一步明確了政府在兩區域人力資本適配性養成中的不同定位。

由於反應人力資本適配性和適配度文獻的欠缺，加上本書作者在理論和經驗上的局限性，使本書在概念界定和理論框架的構建上還顯稚嫩和單薄。由於時間的限制，在某些問題上還欠缺深入的思考，錯誤和遺漏在所難免。但以人力資本適配性來衡量有效人力資本供給的研究是有價值和有意義的。

經濟增長任重而道遠，人力資本培育尚需時日，唯願我們的國家盡快走上科技進步、人民富足、國家強盛的康莊大道！

參考文獻

安格斯·麥迪森. 中國經濟的長期表現：公元 960~2030 年 [M]. 武曉鷹，馬德斌，譯. 上海：上海人民出版社，2008.

阿爾弗雷德·馬歇爾. 經濟學原理（下冊）[M]. 北京：商務印書館，1981.

北京大學中國國民經濟核算與經濟增長研究中心. 中國經濟增長報告（2008）——經濟結構與可持續發展 [M]. 北京：中國經濟出版社，2008.

蔡昉. 中國二元經濟與勞動力配置的跨世紀調整——制度、結構與政治經濟學的考察 [J]. 浙江社會科學，2000（5）.

陳釗，陸銘，金煜. 中國人力資本和教育發展的區域差異：對於面板數據的估算 [J]. 世界經濟，2004（12）.

陳浩. 人力資本對經濟增長影響的結構分析 [J]. 數量經濟技術經濟研究，2007（8）.

陳希，諸克軍，劉花璐. 基於模糊綜合評判的人力資本投入評價模型 [J]. 統計與決策，2007（13）.

陳正偉. 綜合評價方法及應用 [M]. 香港：華夏文化藝術

出版社，2008.

方齊雲，王皓，李衛兵，等. 增長經濟學 [M]. 武漢：湖北人民出版社，2002：2.

樊瑛，張鵬. 中國人力資本對經濟增長的作用的計量 [M]. 北京師範大學學報：自然科學版，2004，40 (6).

高洪深，楊宏志. 知識經濟學教程 [M]. 二版. 北京：中國人民大學出版社，2002.

龔仰軍. 產業結構研究 [M]. 上海：上海財經大學出版社，2002.

郭志儀，曹建雲. 人力資本對中國區域經濟增長的影響——嶺估計法在多重共線性數據模型中的應用研究 [J]. 中國人口科學，2007 (4).

郭繼強. 人力資本投資的結構分析 [J]. 經濟學（季刊），2005，5 (3).

郭玉清，楊棟. 人力資本門檻、創新互動能力與低發展陷阱——對 1990 年以來中國地區經濟差距的實證檢驗 [J]. 財經研究，2007 (6).

國家統計局，科學技術部. 2008 年中國科技統計年鑒 [M]. 光盤版. 北京：北京數通電子出版社，2008.

國家統計局，國家發展和改革委員會，科學技術部. 2008 年中國高技術產業統計年鑒 [M]. 光盤版. 北京：北京數通電子出版社，2008.

國家統計局人口和就業統計司，人力資源和社會保障部規劃財務司. 2008 年中國勞動統計年鑒 [M]. 光盤版. 北京：北京數通電子出版社，2008.

國家統計局國民經濟綜合統計司. 新中國五十五年統計資料匯編：1949—2004 [M]. 北京：中國統計出版社，2005.

侯風雲. 中國人力資本投資與城鄉就業相關性研究 [M].

上海：上海三聯書店上海人民出版社，2007.

侯亞非. 人口質量與經濟增長方式 [M]. 北京：中國經濟出版社，2000：169.

胡鞍鋼. 從人口大國到人力資本大國：1980—2000年 [J]. 中國人口科學，2002 (5).

胡永遠. 人力資本與經濟增長：一個實證分析 [J]. 經濟科學，2003 (1).

郝克明，丁小浩，賓現金. 建立和完善中國勞動者學習培訓的體制與機制——中國企業員工和農村勞動者學習培訓現狀調查 [J]. 教育研究，2005 (2).

何東霞，何一鳴. 制度變遷與經濟增長——用制度變遷解釋中國經濟增長的各種理論模型綜述 [J]. 上海經濟研究，2006 (4).

金玉國. 中國市場化進程的統計測度——從方法論角度對90年代研究成果進行的總結與比較 [J]. 統計研究，2000，17 (12).

經濟合作與發展組織. 以知識為基礎的經濟 [M]. 楊宏進，薛瀾，譯. 北京：機械工業出版社，1997.

賴明勇，張新，彭水軍. 經濟增長的源泉：人力資本、研究開發與技術外溢 [J]. 中國社會科學，2005，22 (2).

李寶元. 人力資本與經濟增長 [M]. 北京：北京師範大學出版社，2000.

李福柱. 人力資本結構與區域經濟發展研究 [D]. 大連：東北財經大學，2006.

李福柱，李忠雙. 中國人力資本產業配置結構變動與調控研究 [J]. 科學管理與研究，2008，26 (2).

李建民. 人力資本與持續的經濟增長 [J]. 南開經濟研究，1999 (4).

李玲. 人力資本運動與中國經濟增長 [M]. 北京：中國計劃出版社, 2003.

李望坤. 經濟增長理論與經濟增長的差異性 [M]. 太原：山西經濟出版社, 1998.

李曉青, 鄭蓉. 基於熵權系數法的城市信息化測評研究 [J]. 情報雜誌, 2007 (12).

李雪峰. 中國人力資本與內生經濟增長——理論研究與實證分析 [D]. 西安：西北工業大學, 2006.

李秀敏. 人力資本、人力資本結構與區域協調發展——來自中國省級區域的證據的研究 [J]. 華中師範大學學報：人文社會科學版, 2007.46 (3).

李玉江. 區域人力資本研究 [M]. 北京：科學出版社, 2005.

李子奈. 計量經濟學 [M]. 北京：高等教育出版社, 2000.

李忠民. 人力資本——一個理論框架及其對中國一些問題的解釋 [M]. 北京：經濟科學出版社, 1999.

李忠強, 黃治華, 高宇寧. 人力資本、人力資本不平等與地區經濟增長：一個實證研究 [J]. 中國人口科學, 2005 (S1).

劉傳江, 董延芳. 異質人力資本流動與區域經濟發展——以上海市為例 [J]. 中國人口科學, 2007 (4).

劉海英, 趙英才, 張純洪. 人力資本「均化」與中國經濟增長質量關係研究 [J]. 管理世界, 2004 (11).

劉紅, 唐元虎. 現代經濟增長：一個制度作為內生變量的模型 [J]. 預測, 2001, 20 (1).

劉厚俊, 劉正良. 人力資本門檻與 FDI 效應吸收——中國地區數據的實證檢驗 [J]. 經濟科學, 2006 (5).

劉晶. 人力資本與 FDI 技術外溢效應研究 [D]. 濟南：山

東大學.

劉樹成，張連城，張平. 中國經濟增長與經濟週期 [M]. 北京：中國經濟出版社，2008.

劉迎秋. 論人力資本投資及其對中國經濟成長的意義[J]. 管理世界，1997（3）.

陸根堯. 經濟增長中的人力資本效應 [M]. 北京：中國計劃出版社，2004.

盧現祥. 西方新制度經濟學 [M]. 北京：中國發展出版社，2003.

盧中原，胡鞍鋼. 市場化改革對中國經濟運行的影響[J]. 經濟研究，1993（6）.

巴羅，馬丁. 經濟增長 [M]. 何暉，劉明興，譯. 北京：中國社會科學出版社，2000.

索洛，等. 經濟增長因素分析 [M]. 史清琪，等，譯. 北京：商務印書館，1991.

羅新華. 人力資本模糊綜合測評研究 [J]. 中國物流與採購，2007（19）.

倪鵬飛. 中國城市競爭力報告 NO. 2 定位：讓中國城市共贏 [M]. 北京：社會科學文獻出版社，2004.

納爾森. 經濟增長的源泉 [M]. 湯光華，等，譯. 北京：中國經濟出版社，2001.

潘慧峰，楊立岩. 制度變遷與內生經濟增長 [J]. 南開經濟研究，2006（2）.

錢雪亞，章麗君，林浣. 度量人力資本水平的三類統計方法 [J]. 統計與決策，2003（10）.

錢納里，魯濱遜，塞爾奎因. 工業化和經濟增長的比較研究 [M]. 新一版. 吳奇，王松寶，譯. 上海：上海三聯書店，上海人民出版社，1995.

沈利生，朱運法．人力資本與經濟增長分析［M］．北京：社會科學文獻出版社，1999．

施錫銓，範正綺．數據分析與統計建模——社科研究中的統計學方法［M］．上海：上海人民出版社，2007．

譚永生．人力資本與經濟增長——基於中國數據的實證研究［M］．北京：中國財政經濟出版社，2007．

唐家龍．知識競爭力與經濟表現的經驗分析——解析2005年全球知識競爭力指數報告［J］．科技進步與對策，2007，24（2）．

王廣友，陳清華，方福康．中國分地區資本——產出比實證分析［J］．北京師範大學學報：自然科學版，2005，41（1）．

王健．轉型與經濟增長［M］．上海：復旦大學出版社，2008．

王金營．人力資本與經濟增長：理論與實證［M］．北京：中國財政經濟出版社，2001．

王良健，何瓊峰．中國人力資本區域配置及其優化［J］．山西財經大學學報，2008（2）．

王瑞澤．制度變遷下的中國經濟增長研究［D］．北京：首都經濟貿易大學，2006．

王小魯．中國經濟增長的可持續性與制度變革［J］．經濟研究，2000（7）．

王明杰，鄭一山．西方人力資本理論研究綜述［J］．中國行政管理，2006（8）．

王文博，陳昌兵，徐海燕．包含制度因素的中國經濟增長模型及實證分析［J］．統計研究，2002，19（5）．

王治宇，馬海濤．綜合評價人力資本水平指標體系的構建［J］．統計與決策，2007（21）．

魏杰．引入人力資本概念是中國企業完善管理的關鍵［N］．

北京青年報, 2002 - 05 - 28.

魏立萍. 異質型人力資本與經濟增長理論及實證研究[M]. 北京：中國財政經濟出版社, 2005.

舒爾茨. 論人力資本投資 [M]. 吳珠華, 等, 譯. 北京：北京經濟學院出版社：1990.

西蒙·庫茲涅茨, 戴睿. 現代經濟增長 [M]. 易誠, 譯. 北京：北京經濟學院出版社, 1989.

西蒙·庫茲涅茨著. 各國的經濟增長 [M]. 第二版. 常勛, 等, 譯. 北京：商務印書館, 1995.

許學軍. 技術進步、收入分配與人力資本形成——以東亞和拉美為例的分析及對中國問題的啟示 [M]. 北京：經濟科學出版社, 2003.

徐文銀, 範偉紅. 韓國企業如何培訓員工 [J]. 心理世界, 2007 (4).

亞當·斯密. 國富論 [M]. 第五版. 唐日松, 等, 譯. 北京：華夏出版社, 1930.

姚樹榮, 張耀奇. 人力資本涵義與特徵論析 [J]. 重慶社會科學, 2001 (2).

楊建芳, 龔六堂, 張慶華. 人力資本形成及其對經濟增長的影響：一個包含教育和健康投入的內生增長模型及其檢驗 [J]. 管理世界, 2006 (5).

楊蓉. 人力資源經濟學 [M]. 北京：中國物資出版社, 2001.

易綱, 樊綱, 李岩. 關於中國經濟增長與全要素生產率的理論思考 [J]. 經濟研究, 2003 (8).

袁蔭棠. 概率論與數理統計 [M]. 北京：中國人民大學出版社, 1989.

章安平. 內含制度因素的中國經濟增長模型及實證分析

[J]. 統計與決策, 2005 (12).

張帆. 中國的物質資本和人力資本估算 [J]. 經濟研究, 2000 (8).

張鳳林. 人力資本理論及其應用研究 [M]. 北京: 商務印書館, 2006.

張鳳林. 人力資本思想的若干歷史起源與發展 [J]. 遼寧大學學報: 哲學社會科學版, 2004, 32 (1).

張軍, 吳桂英, 張吉鵬. 中國省際物質資本存量估算: 1952—2000 [J]. 經濟研究, 2004 (10).

張俊莉. 西部地區產業結構與人力資本結構協同現狀及對策研究 [J]. 甘肅社會科學, 2004 (3).

張維迎. 所有制、治理結構及委託—代理關係——兼評崔之元和周其仁的一些觀點 [J]. 經濟研究, 1996 (9).

張偉, 金玉國, 康君. 中國國民經濟市場化進程的統計評價與實證分析 [J]. 中國軟科學, 2005 (3).

張一力. 人力資本與區域經濟增長——溫州與蘇州比較實證分析 [M]. 杭州: 浙江大學出版社, 2005.

張宇. FDI技術外溢的地區差異與吸收能力的門限特徵——基於中國省際面板數據的門限迴歸分析 [J]. 數量經濟技術經濟研究, 2008, 25 (1).

趙曙明, 吳慈生. 中國企業集團人力資源管理現狀調查研究 (二) ——人力資源培訓與開發、績效考核體系分析 [J]. 中國人力資源開發, 2003 (3).

趙祥宇, 袁倫渠. 中國地區人力資本與經濟發展的綜合評價 [J]. 中國人力資源開發, 2006 (5).

中國人力資源開發研究會. 中國人力資源開發報告2008: 中國人力資本狀況評估 [M]. 北京: 中國發展出版社, 2008.

中國教育與人力資源問題報告組. 從人口大國邁向人力資

源強國 [M]. 北京: 高等教育出版社, 2003.

中國人力資源開發研究會. 中國人力資源開發報告2008: 中國人力資本狀況評估 [M]. 北京: 中國發展出版社, 2008.

中國現代化戰略研究課題組, 中國科學院中國現代化研究中心. 中國現代化報告2006——社會現代化研究 [M]. 北京: 北京大學出版社, 2006.

中國企業人力資源管理發展報告課題組. 中國企業員工培訓現狀調查 [J]. 職業技術教育, 2007 (6).

中國國家統計局. 2008年中國統計年鑒 [M]. 北京: 中國統計出版社, 2008.

周達軍. 中國經濟波動對增長的負面效應的實證分析[J]. 經濟管理, 2007 (14).

周德祿. 基於人口指標的群體人力資本核算理論與實證 [J]. 中國人口科學, 2005 (3).

周其仁. 市場裡的企業: 一個人力資本與非人力資本的特別合約 [J]. 經濟研究, 1996 (5).

周叔蓮, 郭克莎. 中國工業增長與結構變動的研究 [M]. 北京: 經濟管理出版社, 2000.

周天勇. 論中國的人力資本與經濟增長 [J]. 青海社會科學, 1994 (6).

周文斌. 論人力資源能力的區域異質性 [J]. 中國工業經濟, 2007 (10).

諸建芳, 王伯慶, 使君多福. 中國人力資本投資的個人收益率研究 [J]. 經濟研究, 1995 (12).

鄒志紅, 孫靖南, 任廣平. 模糊評價因子的熵權法賦權及其在水質評價中的應用 [J]. 環境科學學報, 2005, 25 (4).

AGHION P, HOWITT P. A model of growth through creative destruction [J]. Econometrica, 1992, 60 (2).

CASTELLÓ A, DOMÉNECH R. Human capital inequality and economic growth [J]. The Economic Journal, 2001 (112).

ARROW, KENNETH J. The economic implications of learning by doing [J]. Review of economic studies, 1962, 29 (3).

LEEUWEN B V. Human capital and economic growth in India, Indonesia and Japan: A quantitative analysis, 1890 - 2000 [M]. Utrecht: Utrecht University Press, 2007.

DANIEL C, SOTO M. Growth and human capital: good data, good results [J]. Journal of Economic Growth. Springer Science + Business Media, LLC, 2007 (12).

GARY BECKER, KEVIN MURPHY. The division labor, coordination costs and knowledge [J]. Quarterly journal of Economics, 1992 (4).

GEOFFREY M H. Frank A. Petter (1863 - 1949): Capital (1930) [J]. Journal of Institutional Economics, 2008 (56).

SILVA. A Wage Based Measure of Regional Aggregate Human Capital [J]. European Regional Science Association. Working paper, 2004 (254).

MACDOUGALL G. The benefits and costs of private investment from abroad: a theoretical approach [M]. Economic Record, 1960.

BOWMAN, SCHULTZ. Denison, and the Contribution of 「EDS」 to National Income Growth [J]. The Journal of Political Economy, Oct. 1964.

MIREILLE L, MÉRETTE M. Measuring human capital in Canada [C]. Department of Finance Canada, Working paper, 2000.

TRINH L, JOHN G, LES O. A forward - looking measure of the stock of human capital in New Zealand [M]. Manchester

School, 2005, 74 (5).

SYRQUIN M, CHENERY H B. Three decades of industrialization [J]. The World Bank Economic Reviews, 1989, 1 (3).

Wei Hui. Measuring human capital flows for Australia: a lifetime labour income approach [R]. Australian Bureau of Statistics, Research Paper 1351.0.55.023, 2008.

ROMER P M. Endogenous technological change [J]. Journal of Political Economy, 1990, 98 (5).

LUCAS R E. Why doesn't capital flow from rich to poor countries? [J]. American Economic Review, 1990, 80 (2).

LUCAS R E. On the mechanics of economic development [J]. Journal of Monetary economics, 1988, 22 (3).

SHULTZ S W. The value of the ability to deal with disequilibria [J]. Journal of Economic Literature, 1975, 13 (3).

THOMAS V, Wang Yan, Fan Xibo. Measuring education inequality: Gini coefficients of education [C]. The World Bank, Policy Research Working Paper2525, 2001.

World Bank. KEI and KI Indexes. http://info.worldbank.org/etools/kam2/KAM＿page5.asp [2009 - 06 - 11]

Wang Yan, Yao Yudong. Sources of China's economic growth. 1952 ~ 1999: Incorporating human capital accumulation [J]. China Economic Review, 2001, 14 (1).

Yang Xiaokai, BORLAND J. A microeconomic mechanism for economic growth [J]. Journal of political economy, 1991, 99 (3).

后　记

　　本書是在我博士論文的基礎上修改而成的。當我終於為它畫上最后一個句號時，心裡真是百感交集，五味翻湧。漫長的寫作不僅考驗著我的腦力和體力，更考驗著我的毅力。求學的艱辛讓我對指引、幫助、支持我的恩師、朋友和家人充滿了深深的感恩之心。

　　首先要感謝我的導師範秀榮教授。感謝恩師多年來的支持、鼓勵、幫助和慈母般的關懷，給了我戰勝困難的勇氣和信心，使我能夠堅持到今天。感謝恩師的悉心指導和耐心教誨，在論文選題、寫作和修改的過程中無不凝結著恩師的智慧和心血。恩師淵博的學識和敏銳的思維時常給我以啟迪，嚴謹的治學態度和嚴格要求使我不敢馬虎。我還要深深感謝白志禮研究員在論文選題和寫作過程中給予的指導和無私的幫助，使我始終能夠把握正確的方向。兩位恩師博學多思，寬厚睿智，豁達大度的學者風範是我永遠學習的典範。

　　衷心感謝鄭少鋒教授的教誨與無私幫助，使我感受到來自又一位導師的溫暖。衷心感謝西北農林科技大學經濟管理學院

的王忠賢教授、徐恩波教授、張襄英教授、王禮力教授、李錄堂教授、姚順波教授、霍學喜教授、陸遷教授、孟全省教授、姜志德教授、朱玉春教授、孔榮教授的教導和指點，使我增長了知識，拓寬了視野，為完成博士論文打下了堅實的基礎。衷心感謝張雅麗副教授的建議和幫助，以及經濟管理學院的馮西平老師和王軍智老師為我所做的細緻工作。

求學生涯是艱苦的，也是快樂的。感謝我的同窗好友們，謝謝有你們同在。尤其要感謝馬曉旭博士、李竹梅博士、吳孟珠博士、鄔雪芬博士、彭建仿博士、安建明博士、李嘉曉博士在生活和學習中給予我的大力幫助，感謝你們在博士論文寫作和本書修改工作中的鼓勵支持和寶貴意見。感謝余魯博士、中國人民大學賀本嵐博士的中肯建議，感謝重慶工商大學數學與統計學院的葉勇副教授在數據處理分析上的建議與支持。感謝王嘉碩士、陳暢在數據收集和整理上為我付出的艱苦勞動。

感謝我的朋友和同事，重慶工商大學數學與統計學院的領導和老師們對我的鼓勵，在工作上的分擔和支持，使我得以靜心研究。

感謝我的愛人夏泉先生一直以來的鼓勵和支持，這是我不斷進步的動力和源泉。感謝我可愛的女兒夏菁陽，讓我感受到無限的快樂和生命的意義。

深深地感謝我的父親、母親，他們的全心奉獻與大力支持讓我沒有后顧之憂，使我能全力拼搏。

需要感謝的人太多太多，請原諒我未能一一列舉，在此一併向您們致以深深謝意。

本書嘗試從經濟增長需求角度對中國人力資本狀況進行評估，儘管已付出十分努力，但由於作者水平有限，書中還存在不少錯誤和遺漏之處，很多問題的研究還不夠深入。懇請各位專家、學者批評指正。

當本書付梓之際，慈母般的恩師範秀榮教授因車禍已永遠離我而去，謹以本書寄托我對她的深深懷念！

楊爽

國家圖書館出版品預行編目(CIP)資料

中國經濟增長中的人力資本適配性研究 / 楊爽 著. -- 第二版.
-- 臺北市：財經錢線文化出版：崧博發行, 2018.12

面； 公分

ISBN 978-957-680-316-1(平裝)

1.經濟成長 2.中國

552.2　　　　　107019963

書　名：中國經濟增長中的人力資本適配性研究
作　者：楊爽 著
發行人：黃振庭
出版者：財經錢線文化事業有限公司
發行者：崧博出版事業有限公司
E-mail：sonbookservice@gmail.com
粉絲頁　　　　　　網　址：
地　址：台北市中正區延平南路六十一號五樓一室
8F.-815, No.61, Sec. 1, Chongqing S. Rd., Zhongzheng
Dist., Taipei City 100, Taiwan (R.O.C.)
電　話：(02)2370-3310　傳　真：(02) 2370-3210
總經銷：紅螞蟻圖書有限公司
地　址：台北市內湖區舊宗路二段121巷19號
電　話：02-2795-3656　傳真：02-2795-4100　網址：
印　刷：京峯彩色印刷有限公司（京峰數位）

　　本書版權為西南財經大學出版社所有授權崧博出版事業有限公司獨家發行電子書及繁體書繁體版。若有其他相關權利及授權需求請與本公司聯繫。

定價：500元
發行日期：2018年 12 月第二版
◎ 本書以POD印製發行